Elisabeth Mittelstädt (Hrsg.)

Frauen erleben Gott

Impulse für ein ganzes Jahr

Elisabeth Mittelstädt (Hrsg.)

FRAUEN *erleben* GOTT

Impulse für ein ganzes Jahr

LYDIA-VERLAG, ASSLAR
BRUNNEN VERLAG, GIESSEN/BASEL

Die den Andachten zugrunde liegenden Bibelverse
werden i.d.R. zitiert nach
Lutherbibel, revidierter Text 1984,
durchgesehene Ausgabe in neuer Rechtschreibung
© 1999Deutsche Bibelgesellschaft Stuttgart;
andere benutzte Übersetzungen sind wie folgt gekennzeichnet:
Hfa = *Hoffnung für alle,* © 1986, 1996, 2002 by
International Bible Society, Colorado Springs, USA.
Übersetzt und herausgegeben durch: Brunnen Verlag Basel, Schweiz.
GN = *Die Gute Nachricht Bibel,* © Deutsche Bibelgesellschaft/
Katholisches Bibelwerk 2001.
EB= *Revidierte Elberfelder Übersetzung,* © 1992 Brockhaus Verlag, Wuppertal.

Die Deutsche Bibliothek - CIP-Einheitsaufnahme
Ein Titeldatensatz für diese Publikation ist bei
Der Deutschen Bibliothek erhältlich.

Umschlagfoto: Brand X Pictures
Umschlaggestaltung und Seitenlayout: spoon design, Olaf Johannson
Lektorat: Sabine Bockel, Renate Hübsch
Satz: spoon design, Florian Zeidler
Druck: Ebner und Spiegel, Ulm
ISBN 3-7655-1869-7 (BRUNNEN)
ISBN 3-9805788-6-0 (LYDIA)

Ein Begleiter für jeden Tag

Schon lange habe ich die Idee für dieses Buch in meinem Herzen getragen: Es soll all jenen Frauen Impulse geben, die den wichtigen Fragen im Leben auf den Grund gehen möchten. Gehören Sie auch dazu? Stellen Sie sich manchmal Fragen wie: „Wozu bin ich eigentlich auf der Welt?“, „Wo lade ich meine Sorgen ab?“ oder „Warum lohnt es sich, Mutter zu sein?“ Dann könnte dieses Andachtsbuch zu einem wertvollen Begleiter für Sie werden!

52 Andachten mit 26 Themen warten darauf, von Ihnen entdeckt zu werden. Sie machen Mut, uns zu verändern und immer mehr dem Bild zu entsprechen, das Gott im Sinn hatte, als er uns schuf. Denn jede von uns ist einmalig und unverwechselbar, begabt und beauftragt, ein Geschenk für diese Welt!

Sehr unterschiedliche Autorinnen und Autoren haben zu diesem Buch beigetragen, etwa eine bekannte Filmschauspielerin, „gestandene“ Frauen oder jüngere Mütter. Sie alle erzählen offen, wie sie Gott erlebt haben – zum Beispiel, als sie herausfordernde Situationen bewältigen mussten. Oder als sie auf der Suche nach ehrlichen Antworten auf schwierige Fragen waren.

Ergänzt werden die einzelnen Andachten durch sorgfältig ausgesuchte Bibelstellen und weiterführende Fragen für ein ganzes Jahr. So können Sie Woche für Woche oder Tag für Tag mit der Wahrheit der Bibel vertrauter werden und Gott besser kennen lernen! Auch für ein gemeinsames Bibelstudium im Hauskreis oder in der Frauengruppe ist dieses Buch geeignet.

Es ist mein Wunsch und mein Gebet, dass Sie dadurch ermutigt werden, Ihren ganz persönlichen Weg an der Hand Gottes zu gehen. Er selbst lädt uns ein, immer wieder in seiner Gegenwart Ruhe zu finden, sich an seinem Wort zu erfrischen und daraus Hoffnung zu schöpfen für jeden neuen Tag.

Elisabeth Mittelstädt

Inhalt

Ihr seid teuer erkauft ...
1. Korinther 6,20

Der Wert einer Frau

Elisabeth Mittelstädt

Wenn Babys auf die Welt kommen, sind sie sich ihrer selbst noch nicht bewusst – sie sind einfach da. Doch irgendwann fängt ein kleines Mädchen an, unausgesprochene Fragen zu stellen: Findest du mich schön? Bin ich in deinen Augen wertvoll?

Leider haben viele Frauen darauf Antworten bekommen, die ihr Bild von sich selbst schmerzlich verzerrten. Sie fingen an zu glauben, dass ihr Wert von dem abhängt, was sie tun, besitzen oder wissen, wie viel sie wiegen oder wie sie aussehen.

Ein befreundeter Missionar erzählte mir einmal von einer Brautwerbung im Süd-Pazifik. Vielleicht bringt diese Geschichte Sie zum Schmunzeln und erinnert Sie an Ihren wahren Wert:

Johnny Lingo war ein wohlhabender Junggeselle auf der Insel Nurabandi. Er verliebte sich in ein unscheinbares Mädchen von der Nachbarinsel Kiniwata. „Unscheinbar" war vielleicht noch übertrieben – Sarita war mager und knochig und lief mit hängenden Schultern und gesenktem Kopf durch die Welt.

Auf Saritas Insel war es Sitte, den Brautpreis in Kühen zu bezahlen. Die gescheitesten und schönsten Mädchen brachten bis zu fünf Kühe ein. Saritas Vater, Sam Karoo, hoffte, wenigstens eine einzige Kuh für seine Tochter zu bekommen.

Eines Tages ließ ihm Johnny Lingo die Nachricht überbringen, dass er um die Hand seiner Tochter bitte und über den Brautpreis verhandeln wolle. Johnny war als der geschickteste Kaufmann von Nurabandi bekannt, während Sam in dem Ruf stand, der schlechteste auf Kiniwata zu sein.

Sam setzte sich unverzüglich mit seiner Familie zusammen, und gemeinsam entwarfen sie einen Plan: Sie würden drei Kühe verlangen, aber auf zweien bestehen, bis sie sicher wären, dass Johnny nicht mehr als eine bezahlen würde.

Der große Tag kam. Johnny eröffnete die Verhandlung mit einem Angebot, das sowohl Sam als auch ganz Kiniwata überraschte. „Vater von Sarita, ich biete dir acht Kühe für deine Tochter!"

Fünf Monate nach der Hochzeit war ein Mann aus dem Westen zu Besuch bei Johnny.

Der Gast war vorher auf Kiniwata gewesen, und dort hatten ihm die Bewohner die Geschichte erzählt. Sie amüsierten sich noch im Nachhinein darüber, wie der schlechteste Geschäftsmann von ihnen, Sam Karoo, den reichen jungen Mann von der Nachbarinsel übers Ohr gehauen hatte.

Johnny Lingo stellte seinem Gast als Erstes die Frage: „Ich nehme an, Sie haben auf Kiniwata bereits von mir gehört? Meine Frau stammt von dort."

„Ja, ich weiß."

„Was sagen die Leute über mich?"

„Nun, sie sagen ... sie sagen, dass Sie während der Feiertage geheiratet haben."

Der Besucher war von dieser Frage offensichtlich überrascht. Johnny bemühte sich, seinem Gast weitere Informationen zu entlocken. Schließlich berichtete der Besucher, was er auf Kiniwata gehört hatte: „Es heißt, Sie hätten acht Kühe als Brautpreis bezahlt. Die Inselbewohner fragen sich, warum."

In diesem Moment betrat eine junge Frau das Zimmer, um einen Blumenstrauß auf den Tisch zu stellen. Sie hielt einige

Augenblicke inne, um Johnny zuzulächeln, und ging dann leichten Fußes wieder hinaus. Noch nie hatte der Gast eine so schöne Frau gesehen: Die geraden Schultern, das energische Kinn, die funkelnden Augen – all das ließ ein gesundes Selbstbewusstsein erkennen.

Mit unverkennbarem Stolz in der Stimme sagte Johnny: „Das ist Sarita, meine Frau."

„Aber", protestierte der Besucher, „sie ... sie ist ja wunderschön! Die Leute auf Kiniwata haben mir erzählt, sie sei eher unansehnlich, und Sie hätten sich von Sam Karoo übers Ohr hauen lassen! Wie ... ist es möglich, dass sie sich so verändert hat?"

„Haben Sie einmal darüber nachgedacht", fragte Johnny, „was es für eine Frau bedeuten muss, wenn ihr Mann für sie den billigsten Preis bezahlt hat? Wie muss eine Frau empfinden, die von ihrem Vater für eine oder zwei Kühe verkauft worden ist?"

Johnny fuhr fort: „Sie sagen, Sarita hätte sich verändert, und das stimmt. Es gibt vieles, was eine Frau verändern kann. Aber am wichtigsten ist, was sie über sich selber denkt. Solange Sarita auf Kiniwata war, hat sie sich selbst nicht für wertvoll gehalten. Jetzt weiß Sarita, dass sie mir mehr wert ist als irgendeine andere Frau auf den Inseln."

Diese kleine Geschichte zeigt, dass Gott für uns alle das gleiche Prinzip angewandt hat: Er hat den höchsten Preis bezahlt, als Jesus Christus am Kreuz für uns starb. Lässt es Sie nicht auch tief durchatmen und den Blick vor Freude erheben, weil Sie darin Ihren eigenen, unschätzbaren Wert erkennen dürfen? Vergessen Sie nie: Sie sind eine „Acht-Kühe-Frau"!

Zum Leben

Haben abwertende Worte mir tiefe Wunden geschlagen? Was bedeutet es für mich, dass Gott mir einen unschätzbaren Wert beimisst?

Zum Beten

Danke, Herr, dass du mich geschaffen hast, wie ich bin. Bitte öffne mir die Augen, damit ich mich so sehen kann, wie du mich siehst. Bewahre mich davor, auf das zu schielen, was andere sind oder haben. Jesus Christus, ich danke dir, dass du für mich den teuersten Preis bezahlt hast, als du am Kreuz für mich starbst.

Zum Weiterlesen

1.Tag: Findet Gott mich schön?
Psalm 139,13-16

2. Tag: Bin ich in Gottes Augen wertvoll?
Jesaja 43,1-4

3. Tag: Gibt es für mich eine gute Zukunft?
Jeremia 29,11-14a

4. Tag: Seit wann liebt mich Gott?
Jeremia 31,3

5. Tag: Kümmert sich Gott um die Kleinigkeiten in meinem Leben?
Matthäus 10,29-31

6. Tag: Wo finde ich Hilfe, wenn mir abwertende Worte zu schaffen machen?
Jesaja 61,1-3.10

Ihr aber seid der Leib Christi und jeder von euch ein Glied.
1. Korinther 12,27

Wer bin ich?

Katrin Ledermann

Wie eine dampfende Lokomotive, die durch eine raue Landschaft zieht, sah seine buschige Augenbraue aus, wenn er sie hob. Und dass sie sich abwechselnd senkte und hob beunruhigte mich. Denn der Mann hinter der Glasscheibe hielt meinen Ausweis in der Hand, um das Foto mit der Dame zu vergleichen, die vor ihm stand – also mit mir!

Ich war spät dran beim Einchecken und konnte auf keinen Fall irgendwelche Verzögerungen gebrauchen. Obwohl ich ein völlig reines Gewissen hatte, trieb das Verhalten des Mannes meinen Puls in die Höhe. Nun schien er auch noch halbwegs im Verborgenen eine Liste zu kontrollieren, sah mich wieder an – und schob mir endlich meinen Ausweis zu. Ich lächelte dankbar und ging schnell Richtung Abflughalle.

Dort ließ ich mich in einen Ledersessel fallen und guckte meinen Ausweis genauer an. Auf dem Foto war ich nur einige Jahre jünger – aber ich musste zugeben, dass es nicht einfach war, mich heute danach zu identifizieren: das dunkelblond gewellte Haar war einem kurzen, hellblonden Pilzkopf gewichen. Außerdem hatte ich vor dem Einchecken an den riesigen Fenstern gestanden, und die Sonne hatte meine Brillengläser dunkel gefärbt.

Wie vieles an mir, woran mich meine Freunde erkennen, hat sich im Laufe des Lebens verändert! Und doch haben diese

Äußerlichkeiten letztendlich wenig mit meiner wahren Identität zu tun. Während ich am Abflug-Gate warte, denke ich darüber nach, dass sie sich nicht fotografieren lässt!

Meine Identität finden. Ganz wir selbst zu sein, zu wissen, wer wir sind, und uns unseres Wertes bewusst zu sein - sind das nicht die größten Sehnsüchte von uns Frauen? Ich habe in meinem ersten halben Lebensjahrhundert viele Möglichkeiten ausprobiert, um Erfüllung zu finden. Doch weder die Esoterik noch eine Karriere im Wirtschaftsleben konnten meine Sehnsucht stillen. Erst als ich mein Leben dem Gott der Bibel anvertraute, wusste ich: Meine Identitätsfrage war grundsätzlich geklärt. Die Antwort hieß: „Ich bin ein Kind Gottes!" (vgl. Johannes 1,12).

Meine Identität verstehen. Jesus Christus wird in der Bibel unter anderem als Haupt eines Leibes beschrieben (1. Korinther 12). Dieses Bild gefällt mir ausgesprochen gut, um meine Identität erfassen zu können. Denn dieser Leib Christi besteht aus ungezählten Einzelnen, wie ein Leib aus vielen verschiedenen Gliedern zusammengesetzt ist. Da gibt es Füße, den Magen, Hände oder Augenbrauen. Jedes Körperteil hat seine ganz bestimmte Art und sein entsprechendes Wirken. Auge ist nicht Ohr, Hand ist nicht Fuß.

Jesus selbst hat mich an eine bestimmte Stelle in seinem Leib, der Gemeinschaft der Gläubigen, gesetzt. Daher soll und darf ich mich nicht mit andern vergleichen. Ich habe den für mich allerbesten Platz, denn Gott macht keine Fehler. Er wollte es so. Also werde ich, je mehr ich Gott in meinem Leben wirken lasse, ständig mehr „ich selbst". Sich Gott im Vertrauen mehr hinzugeben bedeutet, meine Identität immer ausgeprägter zum Ausdruck zu bringen.

Meine Identität leben. Nach und nach erfahre ich, wie diese Identität mein Leben prägen kann. Jeden Morgen während des Bibellesens und Betens stärkt meine Zeit mit Gott mein Wissen um meine Identität – ich werde mir bewusst, was ich von Gott her bin. Dadurch lasse ich mich weit weniger von menschlichen Meinungen prägen, vergleiche mich nicht mit andern und finde Sicherheit und Geborgenheit.

Das hilft mir, selbst im Zeitdruck des Alltags zu erkennen, dass meine Identität nicht im Tun liegt, sondern im Sein. Sogar wenn ich in meinen Aufgaben versage, berührt das meine Identität und meinen Wert als Kind Gottes nicht.

Wenn ich mir angewöhne, in stressigen Situationen zuerst den Kontakt zu Gott zu suchen, kann ich mir viel Frust ersparen! Ein Beispiel: Nehmen wir an, Sie haben gerade zwei Stunden Musikunterricht gegeben. Ramba-zamba im Klassenzimmer. Sie sind genervt. Einkaufen. Stress an der Kasse. Beinahe-Beule am Auto in der Parkgarage. Sie fahren bei einer Freundin vorbei, um aufzutanken und den Frust loszuwerden. Doch sie hat keine Zeit – ihr Baby schreit. Das Auto auf einen ruhigen Parkplatz lenken und fünf Minuten in der Stille einkehren, hätte vor dem Einkaufen Wunder gewirkt! Die Minuten der Besinnung und des Gebets bauen auf. Sie bringen auf neue Gedanken.

Ich lebe meine Identität auf diese Weise! Und wie ist es bei Ihnen? Vielleicht tanzen Sie gerne auf und ab. Ob Sie etwa eine Augenbraue Gottes sind?

Als Gott die Welt ersann, war das Poesie.
Als er sie formte, war das Bildhauerkunst.
Als er ihr Farben gab, war das Malerei.
Er bevölkerte sie mit lebendigen Wesen,
und das ist das gewaltige, göttliche, ewige Drama.

Zum Leben

Neige ich dazu, mich von menschlichen Meinungen prägen zu lassen? Bin ich bereit, mir von Gott ganz neu sagen zu lassen, dass meine Identität und mein Wert nicht im Tun liegen, sondern im Sein?

____

____

____

____

____

Zum Beten

Danke, lieber Vater, dass ich nichts tun muss, um dich oder andere zu beeindrucken. Danke, dass du mich durch Christus zu deinem Kind gemacht hast. Bei dir finde ich meine Identität und meinen Wert.

Zum Weiterlesen

Ich bin durch Jesus Christus ...

1. Tag: ... ein Kind Gottes!
   Galater 3,26-28
2. Tag: ... eine auserwählte Frau!
   Römer 8,31-34
3. Tag: ... eine Freude für Gott!
   Zefanja 3,17
4. Tag: ... gesegnet!
   Epheser 1,3-8
5. Tag: ... geliebt von Gott!
   Johannes 15,9-12
6. Tag: ... bei Gott zu Hause!
   Epheser 2,19-22

All eure Dinge lasst in der Liebe geschehen!
1. Korinther 16,14

Mit Gottes Augen sehen

Elke Werner

Die Sonne brannte. Etwas Abkühlung brachten der Nil und der Wind, der uns im Segelboot begleitete. Endlich kamen wir an. Eine einsame Stelle am Ufer des Nils in Assuan, mitten in der Wüste. Von hier aus wollten wir uns auf den Weg zum so genannten „Josephstein" machen. Dieser große Stein mit seinen Inschriften wurde mitten in der Wüste gefunden – ein außerbiblisches Dokument, das von Joseph spricht, der durch weise Vorsorge die Hungerkatastrophe in Ägypten verhinderte. Wir freuten uns auf einen schönen Ausflug in die Wüste, weit weg vom Lärm und Trubel der Stadt, vom Alltag im deutschen Missionskrankenhaus.

Kaum machten wir die ersten Schritte im heißen Sand, da tauchten sie auch schon auf: Einige junge Mädchen aus einem Nachbardorf hatten auf uns gewartet. Sie verdienten sich ihren Lebensunterhalt damit, ankommende Touristen als Kunden für ihre wunderschönen bunten Perlenketten zu gewinnen.

Ich war genervt. Nun hatten wir uns auf den Weg gemacht, um allen Händlern zu entfliehen, und dann das! Sie gingen zielstrebig vor. Eine junge Frau hakte sich bei mir ein und redete in Arabisch auf mich ein. Sie ließ sich nicht abwimmeln. Ich wollte sie nur noch loswerden. Wie eine Klette erschien sie mir. Sie ließ uns keinen Schritt allein tun. Zum einen erklärte sie uns den Weg, den wir auch gut und gerne ohne sie gefunden hätten. Und dann wollte sie unbedingt noch etwas verkaufen ...

Nach einigen Versuchen des Abwimmelns und unfreundlichen Bemerkungen meinerseits ließ die junge Frau von mir ab. Ich wollte nur noch weg. Mir war der Spaß verdorben.

Einige Tage später hörte ich von dem Selbstmordversuch eines Mädchens, das ins deutsche Missionskrankenhaus eingeliefert worden war. Bei näheren Erkundigungen stellte ich fest, dass es jenes Mädchen war, das sich bei mir eingehakt hatte. Sie hatte am Abend unseres Ausflugstages Haarfärbemittel getrunken, um ihrem Leben ein Ende zu setzen. Leider verstarb sie kurz danach. Warum hatte sie das getan? Ihre Familie hatte ihr ein Ultimatum gestellt. Sie sollte einen dreißig oder mehr Jahre älteren Mann heiraten, der blind war. Das Mädchen geriet in große innere Not und wusste sich nicht anders zu helfen. Sie wollte sterben.

Als ich das hörte, geriet auch ich in große Not. Was hatte ich an jenem Tag nur getan? War sie so anhänglich gewesen, weil sie sich mir anvertrauen wollte? War es Verzweiflung, die sie in unsere Nähe getrieben hatte? Ich hatte in ihr nur jemanden gesehen, der meine Pläne durchkreuzte. Aber was war in ihrem Herzen los? Warum hatte ich nicht das bemerkt, was ihr Kummer machte? Hatte ich sie überhaupt richtig angesehen? Nein. Ich konnte mich an ihr Äußeres gar nicht erinnern. Für mich war sie ja nur eine lästige Verkäuferin gewesen, nicht das Mädchen, das Hilfe sucht.

Ich merkte, dass ich schuldig geworden war. Ich war dem Mädchen etwas schuldig geblieben: Nähe, Liebe, Zuwendung, Aufmerksamkeit. Ein offenes Ohr, ein offenes Herz, eine freundliche Geste. Ich hatte sie nicht als Menschen gesehen, der in Not ist, sondern nur als Störenfried.

Vielleicht hätte ich an ihrer Not gar nichts ändern können. Vielleicht wäre trotzdem alles so gekommen. Doch eines habe ich aus dieser Begegnung gelernt: Ich darf Menschen nicht so achtlos behandeln. Auch nicht, wenn ich mich genervt fühle. Ich weiß ja nicht, was sie dazu treibt, so zu handeln. Was in ihnen vorgeht. Was sie so handeln lässt.

Gott kennt die Herzen der Menschen. Er weiß, was jeder braucht. Er kannte auch die Not des Mädchens. Und vielleicht hätte er ihr gerne durch mich etwas Gutes getan. Ich aber hatte keinen Sinn dafür. War nicht offen für Gottes Reden in dieser Situation.

Gott ist ein liebender und barmherziger Gott. Er hat mir vergeben, dass ich so egoistisch war und so wenig bereit zu lieben. Und er hat sicher mit dem Mädchen mitgelitten, ihre Not verstanden und nach Wegen gesucht, wie er sich ihr zeigen kann.

Eins ist mir klar. Ich möchte lernen, Menschen mit Gottes Augen zu sehen. Sie zu lieben, wie sie sind. Weil Gott sie liebt. Und weil er vielleicht gerade mich gebrauchen will, ihnen das zu zeigen.

Das größte Werk, das jeder von uns
für einen anderen tun kann -
egal, ob alt oder jung -,
ist die Seele zu lehren,
das Wasser aus den Quellen Gottes zu schöpfen.

Zum Leben

Erinnert Gott mich an eine Situation, in der ich ohne Liebe auf andere Menschen geblickt habe? Wie könnte ich das nächste Mal anders reagieren?

Zum Beten

Jesus Christus, du forderst mich auf zu lieben, aber du weißt auch, wie schnell meine menschliche Liebe erschöpft ist. Danke, dass ich nicht aus mir heraus Liebe produzieren muss, sondern dass deine Liebe in mein Herz „ausgegossen ist", wie die Bibel sagt (Römer 5,5). Lass mich mit deinen Augen sehen und mit deiner Liebe lieben – gerade dann, wenn ich an meine Grenzen stoße.

Zum Weiterlesen

1. Tag: Wie sieht wahre Liebe aus?
1. Korinther 13,4-7

2. Tag: Was bin ich anderen schuldig?
Römer 13,8-10

3. Tag: Wie kann Liebe praktisch werden?
1. Johannes 3,14-18

4.Tag: Woher nehme ich die Liebe?
Galater 5,22-26

5.Tag: Was ist, wenn Liebe schwierig wird?
Kolosser 3,12-15

6. Tag: Wie viel Liebe ist genug?
1. Thessalonicher 4,9-10

Was ihr getan einem von diesen meinen geringsten Brüdern, das habt ihr mir getan.

Matthäus 25,40

Die Straßenkinder von Bukarest

Angie Thomson

Im Herbst 1992 kam ich zum ersten Mal nach Rumänien. In Zusammenarbeit mit einer christlichen Hilfsorganisation organisierte ich dort Lebensmitteltransporte an ein Waisenhaus. Die Kinder in diesem Heim besaßen keine warme Kleidung und trugen meist durchlöcherte Schuhe ohne Socken. Einige waren an Hepatitis erkrankt. Doch zu aller materiellen Armut kam hinzu, dass es niemanden auf der Welt gab, der sie liebte. Nach dieser Reise weinte ich zwei Wochen lang buchstäblich jeden Tag.

Ein erschütternder Eindruck. Kurz danach las ich einen Artikel über die Straßenkinder von Bukarest. Als ich erfuhr, wie diese Kinder in der Kanalisation überwinterten, musste ich einfach nach Bukarest fahren, um mich selbst davon zu überzeugen. Ein Freund von mir, Cristian Soimaru, hatte damals schon auf eigene Faust angefangen, diesen verlassenen Kindern zu helfen und ein Projekt für sie zu starten. Als ich ihn bat, mir die Straßenkinder zu zeigen, nahm er mich mit zum Nordbahnhof in Bukarest.

Auf das, was ich an jenem Winterabend zu sehen bekam, war ich allerdings nicht vorbereitet. Cristian führte mich zu einigen Abwässer-Schächten in der Nähe des Nordbahnhofs. Als ich in einen der Schächte hinabsah, entdeckte ich ein kleines Mädchen, das sich eine Klebstoff-Tube vor den Mund hielt. Bei meinem Anblick kletterte sie heraus, gefolgt von zehn bis zwölf anderen Kindern. Ich traute meinen Augen nicht! Mit einem Mal war ich von einer Schar völlig verdreckter, vom Schnüffeln berauschter Sieben- bis Achtjähriger umringt, die um Essen oder Geld bettelten und ein wenig Liebe oder Aufmerksamkeit zu erhaschen versuchten.

Ein fester Entschluss. Nach dieser Erfahrung fasste ich den Entschluss, etwas für die Straßenkinder zu unternehmen. Einige Monate später stellte uns der Stadtrat in Bukarest ein Haus für die Betreuung der Straßenkinder zur Verfügung. Wir gaben dem Haus den Namen „Orasul Sperantei“, das heißt „Stadt der Hoffnung“.

Als die letzten Arbeiten am Haus abgeschlossen waren, knieten Cristian und ich nieder und baten Gott, uns zu den Kindern zu führen, die wir als Erste in die „Stadt der Hoffnung“ holen sollten.

Eine große Herausforderung. Am späten Abend betraten wir mit den Kindern die neuen Räume. Die folgenden Tage und Wochen erwiesen sich als die größte Herausforderung unseres Lebens! Die meisten Kinder waren durch das Schnüffeln süchtig geworden und waren es gewohnt, Tag und Nacht durch die Straßen zu laufen. Sie wussten nichts von Körperpflege, kannten keine Toiletten und hatten sich fast ausschließlich aus Mülltonnen ernährt.

Der Entzug, den sie durchmachen mussten, ließ viele von ihnen gewalttätig werden. Einige der Jungen sprangen aus den Fenstern, durchschlugen die Scheiben mit der Faust und zogen sich Schnittwunden zu. Andere verletzten mich mit Glasscherben oder bissen uns. Natürlich kamen auch tiefe emotionale Verletzungen hinzu. Jedes Kind hatte seine eigene Geschichte, doch waren alle entweder verwaist oder von ihren Eltern ausgesetzt worden.

Ein göttlicher Auftrag. Oft werde ich gefragt, warum ich diese Arbeit angefangen habe. Dann antworte ich, dass Matthäus 25 für mich ein sehr wichtiges Kapitel der Bibel ist. Darin sagt Jesus, wenn wir einen Hungrigen sehen und ihm zu essen geben, dann haben wir damit ihm gedient. Wenn jemand krank oder obdachlos oder nackt ist und wir ihn aufnehmen, dann ist es so, als hätten wir das direkt für Jesus selbst getan. Wie viel näher könnten wir Gott noch kommen? Wenn wir aus uns herausgehen und versuchen, solche Menschen zu berühren, dann – so sagt Jesus – haben wir das an ihm getan. Wenn wir draußen auf den Straßen sind und mit diesen Kindern arbeiten, erleben wir Gottes Gegenwart stärker als je zuvor. Gottes Wort sagt, der reine und unbefleckte Gottesdienst besteht darin, dass wir die Witwen und Waisen in ihrer Not aufsuchen. Das ist der Grund, weshalb ich das tue.

Offene Augen. Nicht jeder kann nach Rumänien kommen, um den Kindern hier zu helfen. Aber es ist wichtig, sich Gott zur Verfügung zu stellen und ihm zu sagen: „Egal, welche Opfer es erfordert, ich bin bereit, etwas für dich zu tun." In jeder Stadt der Welt gibt es Menschen in Not. Gott ruft uns zuerst auf, der Not zu begegnen, die direkt vor uns liegt. Wenn wir die Augen für die Not in unserer Umgebung öffnen, werden wir vielleicht überrascht sein, wie sehr Gott uns in den leidenden Menschen begegnet und wie nahe er ihnen durch uns kommt.

Eine Kerze verliert nichts,
wenn sie eine andere entzündet.

Zum Leben

Gibt es in meiner Nachbarschaft einen Menschen in Not, dem ich jetzt helfen könnte? Gebe ich von meinem Geld, damit Arme versorgt werden und Jesu Liebe weitergetragen werden kann?

Zum Beten

Jesus Christus, du hast uns die Armen, die Benachteiligten, die Leidenden besonders ans Herz gelegt. Zünde mich an mit deiner Liebe und öffne meine Hände für sie.

Zum Weiterlesen

1. Tag: Wenn Sie ein Vorbild suchen ...
Johannes 13,1-15

2. Tag: Wenn Sie meinen, jemand hätte Ihre Liebe nicht verdient ...
Matthäus 5,43-48

3. Tag: Wenn Sie sich fragen, ob Liebe „im Innern" nicht reicht ...
Jakobus 2,15-17

4. Tag: Wenn Sie nicht sicher sind, ob positive Taten auch positive Auswirkungen haben ...
Galater 6,7-10

5. Tag: Wenn Sie meinen, dass Sie der Liebe Gottes nicht würdig sind ...
Römer 5,6-8

6. Tag: Wenn Sie sich insgeheim davor fürchten, dass Gott ihnen seine Liebe entziehen könnte ...
Römer 8,35-39

Ein Freund liebt allezeit,
und ein Bruder wird für die Not geboren.
Sprüche 17,17

Freundinnen haben Freundinnen

BETH GRANT

Vor Jahren war ich in einem kleinen Dorf in Ägypten. Im Gottesdienst sitzen dort die Frauen auf der einen und die Männer auf der anderen Seite. Damit die Männer nicht von den Frauen abgelenkt werden, ist zwischen ihnen eine Wand gezogen. Ein Redner sieht diese Wand in der Mitte! Die Männer sitzen sehr ehrfurchtsvoll, mit gefalteten Händen, auf der einen Seite. Auf der anderen Seite sitzen die Frauen auf dem Fußboden. Sie sind umringt von kleinen Kindern und vielen Babys. Die Frauen sind beschäftigt, kümmern sich um ihre Kinder und stillen sie. Hier pulsiert das Leben in der Gemeinde!

Während der Predigt spürten wir, wie uns Gottes Wort persönlich ansprach. Die Frauen fingen an zu beten. In meiner Nähe saß eine Mutter mit drei kleinen Kindern und mit einem Baby im Arm. Als sie betete, sah ich plötzlich, wie Tränen ihre Wangen hinunterliefen. Sie war sehr bewegt, aber auch hin und her gerissen zwischen der Sehnsucht nach völliger Konzentration auf das Gebet und der Notwendigkeit, ihr Baby zu stillen. Da geschah etwas Wunderschönes. Eine andere Frau merkte, wie ihr zumute war, ging leise hinüber und nahm das Baby von ihren Armen. Und bevor das Kind anfangen konnte zu weinen, legte sie es an ihre Brust und stillte es, damit die andere Frau frei war zu beten.

Sind wir uns selbst genug? In meiner westlich geprägten Sicht dachte ich zunächst: „So was macht man nun wirklich nicht!" Doch ich bemerkte bald, dass zwischen diesen Frauen eine Verbundenheit bestand, die ich in unserer europäischen Kultur nicht finde. Ich selbst wurde nach dem Prinzip erzogen, selbstständig zu sein, niemanden zu brauchen und niemanden um etwas zu bitten.

Aber nun wollte ich in der Bibel nachforschen, was dort über den Umgang von Christen miteinander steht. Ich erkannte, dass wir uns lieben und ermutigen und einander die Lasten tragen sollen, soweit wir es können.

Wir brauchen einander. Wenn ich niemanden brauche, und niemand braucht mich, wie können wir dann Verbundenheit aufbauen? Ich lernte schrittweise, dass ich andere Frauen wirklich brauche und sie mich.

Wir brauchen Verschwiegenheit. Wenn wir lernen, vorbehaltlos zuzuhören, aber nicht mit anderen über das Gehörte zu reden, können wir einander eine große Hilfe sein.

Wir brauchen Vielfalt. Eines der größten Geschenke ist es, dass wir einander das Recht und den Raum zugestehen, verschieden zu sein. Paulus schreibt im 1. Korintherbrief, Kapitel 12, dass es unter den Christen sehr viel Verschiedenheit gibt. Und Gott sagt: „Ich habe das so geplant." Wir dürfen nicht versuchen, andere in unser Wunschbild umzuformen, oder sie als zweitrangig betrachten, weil sie anders sind als wir und Dinge anders tun, als wir sie tun würden.

Wir brauchen jemanden, der zu uns hält. Ganz ehrlich: Ich brauche meine Freundinnen nicht, damit sie mich verurteilen, wenn Schwächen und Sünden sichtbar werden. Ganz im Gegenteil! Am meisten brauche ich, dass sie mir mit ihrer Einstellung und ihren Worten vermitteln: „Ich glaube mit dir, dass der, der das gute Werk in dir angefangen hat, es auch vollenden wird" (siehe Philipper 1,6). Es gibt Zeiten, in denen ich mich wie ein Versager fühle und zu Gott sage: „Schau mal, ich habe jetzt gerade alles vermasselt." Dann bedeutet es mir so viel, wenn eine Freundin sagt: „Ich werde mich nicht zurückziehen und dich kritisch beobachten, sondern ich bin hier, um mit dir zu beten und dir zu helfen. Zusammen werden wir es beide schaffen!"

Wir brauchen unser Gebet. Meine Freundin Anita zog vor einigen Jahren von München nach Brüssel. Vorher hatten wir uns fast gar nicht gekannt, hatten uns nur alle paar Jahre gesehen. Aber ich erinnerte mich an ihren Geburtstag, als sie noch in München wohnte. Ich schreibe nicht gern Briefe, aber plötzlich war der Gedanke an Anita in meinem Herzen, und ich schickte ihr eine Geburtstagskarte. Damals wussten wir beide nicht, dass wir eineinhalb Jahre später ganz nah beieinander wohnen würden und entscheidende Herausforderungen vor uns hatten (Anitas Tochter erkrankte sehr schwer, meine Gesundheit war auch sehr schlecht). Ich glaube fest daran, dass Gott uns einander geschenkt hat, damit wir in diesen schweren Situationen einander beistehen und füreinander beten konnten.

Bitten wir doch Gott um solch eine Freundin, schauen wir nach ihr aus, und reichen wir ihr unsere Hand in allen Lebenslagen!

Ein treuer Freund geht mit dir,
wenn der Rest der Welt von dir gegangen ist.
Einem guten Freund kannst du es immer erzählen,
wenn du dich zum Narren gemacht hast.
Er wird nie meinen, dass du es wirklich bist.

Samuel Johnson

Zum Leben

Welche Frauen zähle ich zu meinen Freundinnen? Kann ich mir jetzt ein paar Minuten Zeit nehmen, um für sie zu beten?

Zum Beten

Vater, du zeigst mir: Ich brauche andere Menschen und andere brauchen mich. Bitte öffne meine Augen für die Bedürfnisse der Frauen, mit denen du mich zusammengestellt hast, und gib auch mir die Hilfe, die ich von ihnen brauche.

Zum Weiterlesen

Freundschaft heißt ...

1. Tag: ... dem anderen sein Herz zuzuwenden
1. Samuel 18,1-3

2. Tag: ... füreinander einzustehen
1. Samuel 19,1-7

3. Tag: ... zusammen weinen zu können
Hiob 2,11-13

4. Tag: ... füreinander zu beten
Hiob 42,7-10

5. Tag: ... einander guten Rat zu geben
Sprüche 27,9

6. Tag: ... sich gemeinsam an dem zu freuen, was Gott tut
Lukas 15,1-6

Euch aber habe ich gesagt, dass ihr Freunde seid.
Johannes 15,15

Was wäre das Leben ohne Freundschaft?

Alina Wieja

Wie viele Freunde haben Sie eigentlich? Ich meine, echte Freunde. Ich spreche hier nicht von einer netten Nachbarin, mit der wir bei jeder Begegnung ein paar freundliche Worte wechseln. Auch nicht von Bekannten, mit denen wir bei Partys gelegentlich plaudern oder die als Kollegen in derselben Firma arbeiten.

Ich meine Menschen, die uns wirklich nahe stehen. Die uns besser kennen als irgendjemand sonst. Die wissen, was uns verletzt und was uns Freude macht. Menschen, die ohne besonderen Grund anrufen, um zu fragen, wie es uns gerade geht. Und die uns zur Seite stehen, wenn es mal hart auf hart kommt.

Manche Menschen glauben, ohne Freunde auskommen zu können. Vielleicht können sie es. Aber es entspricht nicht Gottes Absicht. Das können wir schon auf den ersten Seiten der Bibel lesen. Gott sieht den Menschen, umgeben von all der Schönheit und Fülle des paradiesischen Gartens, und sagt: „Es ist nicht gut, dass der Mensch allein sei" (1. Mose 2,18).

Oft wird dieser Abschnitt nur im Blick auf die Ehe gelesen und ausgelegt. Er lässt sich aber auch ganz allgemein auf Freundschaften beziehen: Der Mensch ist ein Beziehungswesen. Er braucht grundsätzlich die vertraute Nähe einer anderen Person – also einen Freund. Und das gilt für jeden, egal, ob verheiratet oder nicht.

Aber was macht eine echte Freundschaft aus?

Enge Vertrautheit. Freundschaft ist das Wissen, dass der andere auch „zwischen den Zeilen“ meiner Worte lesen kann. Dass er mich versteht und wir offen miteinander umgehen können. Dass Vertrauliches bei ihm sicher aufgehoben ist.

Es ist außerdem die spontane Bereitschaft, einander in allen Lebenslagen beizustehen – auch wenn es ein Opfer bedeuten würde. Kummer, der mit Freunden geteilt wird, verringert sich, während geteilte Freude um ein Vielfaches wächst.

Aufmerksames Zuhören. Kaum etwas ist so frustrierend, wie festzustellen, dass die Person, der wir etwas Wichtiges erzählen möchten, uns nicht richtig zuhört. Manchmal sind es nur unauffällige Gesten, doch sie geben uns zu verstehen: „Was du zu sagen hast, interessiert mich nicht.“ Oder der andere beginnt, über sich selbst zu sprechen: „Also, neulich ist mir etwas passiert ...“ und vergisst völlig, dass wir ursprünglich etwas Wichtiges von uns mitteilen wollten. Das tut weh, und auf lange Sicht zerstört es eine Freundschaft.

Hilfreiche Einfühlsamkeit. Freunde sollten einander einfühlsame Gesprächspartner sein. Wenn wir uns Hilfe suchend an einen Freund wenden, wollen wir nicht mit seichten Phrasen abgespeist, sondern ernst genommen werden. Wenn wir wissen, dass es für eine konkrete Situation keinen einfachen Ausweg geben wird, wollen wir nicht hören: „Mach dir keine Sorgen, alles wird gut.“ Ehrlicher wäre: „Ich weiß leider keine Lösung, aber ich werde für dich da sein, wenn du mich brauchst.“

Gute Ratschläge. Manchmal ist aber auch der gute Rat eines Freundes gefragt. Zum Beispiel, wenn wir nicht wissen, wie wir uns in einer bestimmten Alltagssituation verhalten sollen. Ungebetene „Predigten“ jedoch oder anklagend vorgetragene Verhaltensvorschriften können uns veranlassen, genau das Gegenteil zu tun. Sogar Bibelworte oder Glaubenswahrheiten, die ohne Liebe ausgesprochen werden, helfen in der Regel nicht. Aber die Perspektive eines Menschen, der die Dinge mehr von außen sieht und gleichzeitig mit unserem Leben vertraut ist, kann uns die Augen öffnen.

Lernen von Jesus. Gott will Freundschaft. Sein Wille für den Menschen ist, dass er in einer engen Beziehung zu Gott und zu anderen lebt. Und in unseren zwischenmenschlichen Beziehungen spiegelt sich die Art der Beziehung, die wir zu Gott haben: „Daran wird jedermann erkennen, dass ihr meine Jünger seid, wenn ihr Liebe untereinander habt" (Johannes 13,35).

Jesus ist das vollkommene Vorbild eines Freundes. Er verbrachte Zeit mit Menschen und hatte jederzeit Mitgefühl für sie. Jesus konnte trösten wie kein anderer. Er konnte aber auch in Liebe kritisieren, wo es nötig war. Faszinierend, dass er immer genau zu spüren schien, was die Menschen gerade brauchten! Er will mit uns in Freundschaft leben (Johannes 15,15). Durch sein Beispiel führt er uns vor Augen, wie wir miteinander umgehen sollen. Freundschaft ist ein wertvolles Geschenk Gottes an uns. Wir sind eingeladen, uns für dieses Geschenk zu öffnen, es kennen zu lernen und zu pflegen. Denn so wie wir Freunde brauchen, werden wir von unseren Freunden gebraucht – das hat Gott so eingerichtet.

Der wahre und sichere Weg zur Freundschaft
führt durch die Demut –
füreinander offen sein,
einander annehmen, wie wir sind,
einander kennen.
Mutter Teresa

Zum Leben

Wie vielen Menschen bin ich eine wahre Freundin? Was habe ich in letzter Zeit getan, um anderen meine Freundschaft zu zeigen?

Zum Beten

Jesus, du bist der beste Freund, den ich je finden kann! Hilf mir, von dir zu lernen, selbst ein guter Freund zu sein. Bitte gib mir gute Ideen, wie ich anderen meine Freundschaft zeigen und die Beziehung zu ihnen pflegen kann.

Zum Weiterlesen

1. Tag: Gott redet mit seinen Freunden
2. Mose 33,7-11

2. Tag: Gott beschenkt seine Freunde großzügig
Psalm 127,1-2

3. Tag: Jesus sucht die Gemeinschaft mit seinen Freunden
Lukas 22,14-20

4. Tag: Jesus weist Zeichen der Freundschaft nicht ab
Johannes 21, 20-24

5. Tag: Jesus zeigt uns die tiefste Freundesliebe
Johannes 15,13-17

6. Tag: Jesus stellt uns Freunde zur Seite
3. Johannes 13-15

Wer gelassen und ausgeglichen ist, lebt gesund.
Sprüche 14,30 (Hfa)

Eine schmerzhafte Lektion

Doris Siegenthaler

Es kam ganz plötzlich. Eines Tages konnte ich nicht mehr Treppen steigen, ohne dass mir schwarz vor Augen wurde. Von einer Stunde zur anderen überfiel mich schwere Müdigkeit. Sie wurde von starken Schmerzen am ganzen Körper begleitet. Besonders die Krämpfe in den Beinen und in der Lunge machten mir zu schaffen. Außerdem konnte ich nicht mehr richtig durchschlafen.

Ich erkannte mich selbst nicht wieder. Mein ganzes Leben lang hatte ich vor Energie nur so gestrotzt, war früher sogar Leistungssportlerin gewesen. Ich hatte elf Jahre lang als Missionarin gearbeitet und nebenbei für einen Marathon trainiert. Was war nur los mit mir?

Leistungsstress aufgeben. Die verschiedenen Untersuchungen, die ich über mich ergehen ließ, brachten keine Ergebnisse. Irgendwann hieß es, meine Beschwerden seien psychosomatisch. Damit wollte ich mich aber nicht zufrieden geben. Nach vier Jahren der Verunsicherung lernte ich einen Arzt kennen, der eine „Entstressungspraxis" aufgebaut hatte. Nach etlichen Gesprächen fragte er mich auf einmal: „*Möchtest* oder *willst* du gesund werden? Wenn du nur *möchtest*, ist dort die Tür", und zeigte zum Ausgang. „Wenn du *willst*, machen wir mit der Therapie weiter." Er hatte mein Problem erkannt: Ich musste den mir selbst auferlegten

Leistungsstress aufgeben. Ich wusste, die Therapie würde „Entzugserscheinungen“ mit sich bringen und sehr viel Mut kosten. Doch mein Zustand kam mir so aussichtslos vor, dass ich antwortete: „Ich *will.*“

Kleine Schritte gehen. Nachdem ich viele Wochen und Monate einen veränderten Lebensstil eingeübt hatte, zeichnete sich langsam, aber stetig eine Verbesserung ab. Die Diagnose „Chronisches Erschöpfungssyndrom“ (CFS) bedeutete für mich eine große Erleichterung in meiner Ungewissheit. Ein Physiologieprofessor meinte zu mir: „Wenn Sie Ihr Leben nicht komplett verändern, werden Sie nie mehr gesund.“ Von diesem Tag an trat ich noch kürzer.

Ich begann mit dem regelmäßigen Trainingsprogramm „Die kleinen Schritte“, einem Fünf-Minuten-Programm, das Ausdauer, Kraft, Dehnung, Koordination und Entspannung beinhaltet. Mein Tag fing mit Dehn- und Kräftigungsübungen an, danach griff ich zu meiner Bibel. So war ich frischer und konnte Gottes Wort besser in mir aufnehmen. Um mehr Ausdauer zu bekommen, gewöhnte ich mir an, mich zwischendurch zu bewegen: Treppen steigen statt Lift oder Rolltreppe benutzen, beim Einkaufen das Auto ganz hinten auf dem Parkplatz abstellen. Ich nahm mir mehr Zeit zum Essen und fing an, es bewusst zu genießen. Den Tisch deckte ich schon, bevor ich ins Bett ging, damit ich mich am Morgen darauf freuen konnte. Mehr und mehr lernte ich, auf mein Innerstes zu hören, zu spüren, was jetzt gerade dran war. Die Qualität des Lebens zu entdecken stand für mich plötzlich im Vordergrund.

Durch meinen Beruf befasste ich mich auch mit dem Thema „Ernährung“ und hörte etwas über „freie Radikale“. Das sind Stoffe, die sich in unserem Körper negativ auswirken und zu vielen Störungen führen können. Damit körpereigene Abwehrkräfte gebildet werden können, brauchen wir Vitamine und Mineralstoffe. Darum sollten wir jeden Tag mehrere Portionen Obst und

Gemüse essen. Ich entschloss mich zu einem Versuch und nahm zusätzlich ein Nahrungsergänzungsmittel, um mich mit allen nötigen Nährstoffen zu versorgen.

Nach genau dreieinhalb Wochen konnte ich das erste Mal seit 18 Jahren wieder eine ganze Nacht durchschlafen. Was für ein großartiges Erlebnis!

Ich bin Gott dafür dankbar, dass er mich durch diese Erfahrungen geführt hat. Wie könnte ich sonst heute die Menschen, die in meine Seminare kommen, verstehen und sie zu den kleinen Schritten hinführen, die ihrem Leben mehr Qualität geben?

Verantwortung übernehmen. Ich bin überzeugt, Gott will, dass wir verantwortungsvoll mit unserem Körper umgehen. Er hat uns ein großes Stück Mitverantwortung gegeben. Ich habe gelernt, mein Leben als ein Geschenk zu betrachten und es auch als solches zu behandeln. Eine Lebensführung, die über- oder unterfordert, führt zur Abnahme der Organleistungsfähigkeit, und das wirkt sich wiederum geistlich und seelisch aus.

„Wer gelassen und ausgeglichen ist, lebt gesund" (Sprüche 14,30). Mit diesem Vers möchte ich Ihnen Mut machen, sich für einen gesundheitsorientierten Lebensstil zu entscheiden. Für die Weltgesundheitsorganisation (WHO) gehört zur Gesundheit ein körperlicher, seelischer, spiritueller, ökologischer und sozialer Aspekt. Im Hebräischen sind diese fünf Aspekte im Wort „Shalom" zusammengefasst. Dieses umfassende Wohlsein, den Frieden mit Gott, wünsche ich Ihnen von ganzem Herzen.

Zum Leben

Gehe ich mit meinem Körper um wie mit einem Gottesgeschenk oder wie mit einem „Selbstbedienungsladen“? Welche Schritte sind für mich dran, um „gelassen“ und „ausgeglichen“ zu leben?

Zum Beten

Herr, du hast mir mit meinem Körper ein großes Geschenk gemacht. Ich möchte so gerne verantwortlich damit umgehen. Bitte zeig mir, welche kleinen Schritte ich in meinem Tagesablauf einbauen kann, um dieses Geschenk zu hegen und pflegen. Danke, dass du mir helfen willst, einen ausgewogenen Lebensstil zu finden.

Zum Weiterlesen

1. Tag: Gott möchte heilend an meinem Körper wirken. Bin ich damit einverstanden? *Johannes 5,1-9*
2. Tag: Gott möchte mein „umfassendes Wohlsein“. Ist mir bewusst, dass ihm meine körperliche Verfassung nicht egal ist? *3. Johannes 2*
3. Tag: Gott möchte, dass ich nach seinen Ordnungen lebe. Glaube ich ihm, dass seine Anweisungen heilsam für meinen Körper sind? *Sprüche 3,5-8*
4. Tag: Gott möchte, dass ich von jeder Sucht und jeder schädlichen Verhaltensweise frei bin. Wünsche ich mir auch, in dieser Freiheit zu leben? *1. Korinther 6, 12-13*
5. Tag: Gott möchte, dass mein Körper nach der Arbeit ausruhen kann. Gönne ich mir diese Ruhe? *2. Mose 20,8-11*
6. Tag: Gott wird mir in der Ewigkeit einen unbeschreiblich schönen Körper schenken. Kann ich mich daran freuen, dass ich als Mensch immer einen Leib haben werde? *1. Korinther 15,35-49*

Und Jesus sprach zu ihnen: Geht ihr allein an eine einsame Stätte und ruht ein wenig.

Markus 6,31

Heilung für die erschöpfte Seele

Lynne Hybels

Ich bin in einer sehr liebevollen Familie aufgewachsen, doch meine Gemeinde war streng und hart. Sie stellte Gott als ein sehr forderndes Wesen dar. Bei mir, einem sanften, sensiblen kleinen Mädchen, hat diese Lehre starke Unsicherheit und Schuldgefühle hervorgerufen. Ich meinte, wenn ich jemals Gnade bei Gott finden wolle, müsse ich sehr, sehr hart arbeiten und sehr, sehr lieb sein. Das habe ich auch versucht – jahrelang. Ich betete, arbeitete immer mehr und hoffte, dadurch eines Tages Gottes Liebe zu erfahren.

Aber ein Mensch kann nur eine gewisse Zeit schwer arbeiten und auf Liebe warten – irgendwann hat er keine Kraft mehr. So ging es mir. Die Luft war raus. Am liebsten wäre ich morgens gar nicht mehr aufgestanden, um nicht einem neuen Tag ins Auge sehen zu müssen. Ich war innerlich und äußerlich extrem erschöpft und litt unter Depressionen.

Jetzt konnte ich nur noch am Fenster sitzen und nach draußen schauen. Anfangs wartete ich darauf, Gott in meinem Innern wie mit Donnerstimme reden zu hören: „Lynne, du bist faul. Das ist Sünde, du denkst nur an dich. Steh auf und mach dich an die

Arbeit!" Aber es kam nicht. Stattdessen vernahm ich eine Stimme, die ich noch nie gehört hatte. Sie sagte: „Ich liebe dich, so wie du gerade bist. Ich möchte, dass du für kurze Zeit aufhörst, für mich zu arbeiten, und es zulässt, dass ich *dir* diene." Mir wurde bewusst, dass ich Gott jahrzehntelang als Sklaventreiber gesehen hatte! Ich war der Meinung, pausenlos für Gott arbeiten zu müssen, weil er mich sonst nicht lieb hätte. Nun erkannte ich, dass *er* es sich wünscht, dass ich langsamer trete, alle meine Lasten und Pflichten für eine Weile fallen lasse und mich bei ihm ausruhe.

Ich darf ich sein. In diesen Zeiten erinnert Gott mich daran, dass ich niemand anders sein muss als Lynne. Manchmal kann in unseren Gemeinden der irrige Eindruck entstehen, dass Gott uns sehr enge Grenzen steckt für unser Verhalten, unsere Neigungen und Interessen – und ebenso für die Charaktereigenschaften, die für ihn akzeptabel sind. Dinge, die wir lieben, wie Tanzen, gute Bücher lesen oder schöne Musik hören, mögen uns vorkommen wie reine Zeitverschwendung. Charakterzüge an uns mögen uns störend erscheinen. Ich bin zum Beispiel ein recht introvertierter Mensch und dachte lange, dass das nicht gut sei. Deshalb füllte ich mein Leben total mit Menschen an. Ich ging einfach davon aus, dass es Sünde sei, mich zurückzuziehen! Irgendwann fühlte ich mich wie ein Roboter.

Wissen Sie, wer Sie wirklich sind? Gott möchte uns helfen, die Bruchstücke von uns selbst wiederzufinden, die wir im Lauf der Jahre vielleicht weggeworfen haben, weil wir meinten, sie gefielen ihm nicht. Er möchte unsere Persönlichkeit zusammensetzen zu dem Bild, das er schon lange von uns im Herzen hat.

Ein Ruheplatz für mein Herz. In den Augenblicken der Stille können wir uns mit der Quelle unseres Lebens verbunden fühlen. Wir empfinden uns als Ganzes, unsere Seele findet ihren Ruheplatz und kann zutiefst von Gottes Liebe berührt werden.

Oft stellen wir uns Gott als eher fernes Wesen vor. Vielleicht hängt das damit zusammen, dass wir ihn als männlich betrachten, und in unserer Kultur gilt der Mann meistens als hart, rational denkend, nüchtern und kühl. Doch in der Bibel entdecken wir, dass Jesus in seinem Umgang mit Frauen ganz anders war: Er behandelte sie sehr persönlich und sanft.

Davon erzählt zum Beispiel die Geschichte der Frau, die in Betanien eine Alabasterflasche mit kostbarem Parfüm über Jesu Kopf goss (Matthäus 26,6-13). Die Jünger, die mit ihm am Tisch saßen, beschwerten sich darüber, dass die Frau das Parfüm verschwendet hatte – ihrer Meinung nach hätte es verkauft und das Geld den Armen gegeben werden sollen. Zu anderen Gelegenheiten hätte Jesus ihnen gewiss zugestimmt; ich bin sicher, dass er um die Armen besorgt war. Aber an diesem Tag sagte Jesus: „Warum macht ihr der Frau Schwierigkeiten? Sie hat ein gutes Werk an mir getan!" Als ich total erschöpft war und nicht wusste, was ich von Gott halten sollte, las ich diesen Bibeltext ein ums andere Mal. Und jedes Mal musste ich weinen, weil ich allmählich begriff, dass Jesus uns Frauen im tiefsten Innern versteht. Er weiß um diese Seite in uns, die nach Möglichkeiten sucht, sich sanft und liebevoll auszudrücken; er kennt diese Sehnsucht, auf einer tiefen, innigen Ebene Beziehungen zu pflegen. Und deswegen nahm er die Liebesgabe dieser Frau an, die sie ihm mit all ihren Empfindungen darbrachte. Ich liebe diese Geschichte, denn wenn Jesus damals die empfindsame Seele der Frau verstand, weiß ich, dass Gott, der Vater sie auch heute versteht. Wir können mit starker Zuversicht in seine Gegenwart treten, weil wir wissen, dass er mit großer Zartheit unsere Herzen berühren wird.

Zum Leben

Habe ich ein schlechtes Gewissen, wenn ich mir eine Ruhepause gönne? Bin ich bereit, Zeit für die Stille zu reservieren und mir von Gott zeigen zu lassen, wie er mich sieht?

____

____

____

____

____

Zum Beten

Vater, du liebst mich, weil ich dein Kind bin – nicht, weil ich etwas für dich tue. Bitte mach mich darauf aufmerksam, wenn ich mich selbst unter Druck setze. Und zeig mir, wie ich mir im Trubel des Alltags Zeit nehmen kann, um in deiner Liebe auszuruhen.

Zum Weiterlesen

1. Tag: Wenn Sie daran zweifeln, dass Gott erschöpften Leuten Ruhe gönnt ...
1. Könige 19,1-8

2. Tag: Wenn Sie nicht glauben können, dass Gott kein Sklaventreiber ist ...
Jesaja 9,1-5

3. Tag: Wenn Sie meinen, sie müssten immer herumwirbeln ...
Psalm 131,1-3

4. Tag: Wenn Sie denken, Sie dürften nicht Sie selbst sein ...
1. Korinther 12,12-21

5. Tag: Wenn Sie sich fragen, ob Sie sich auf eine ganz spezielle Aufgabe konzentrieren dürfen ...
1. Petrus 4,10

6. Tag: Wenn Sie so viel zu tun haben, dass Sie es nicht wagen, sich Zeit für Jesus zu nehmen ...
Lukas 10,38-42

Seid stille und erkennt, dass ich Gott bin!
Psalm 46,11

Jedes Kind braucht einen Garten

Ulrike Herrmann

Das Verschwinden der Stille ist eine bedrohliche Entwicklung. Durch eine flächendeckende Dauerbeschallung wird sie immer mehr verdrängt: In vielen öffentlichen Räumen werden wir musikalisch berieselt. Im Auto hören wir Kassetten, und zu Hause läuft der CD-Player, das Radio oder der Fernseher. Selbst beim Joggen am Feierabend muss der Discman mit.

Dabei hat Gott in jeden Menschen ein tiefes Verlangen nach Rückzug hineingelegt. Schon kleine Kinder haben ein natürliches Bedürfnis danach. Regelmäßig blenden sie die Umwelt einfach aus. Sie ziehen sich zurück in ihre Spielecke oder ihr Bett, oder sie vertiefen sich in ein Bilderbuch. Dann tauchen sie ab in ihre Innenwelt, drosseln die Geschwindigkeit auf ihr eigenes Tempo und verarbeiten die Außenwelt auf Kinderart. Leider geht diese wertvolle Fähigkeit im Laufe der Entwicklung oft verloren. Nur allzu leicht passiert es, dass allmählich Lärm und Hektik in ihrem Alltag überhand nehmen. Und das hat Konsequenzen.

Leben im Sekundentakt. Überall herrscht heutzutage der Terror der Geschwindigkeit – Temporausch im Flugzeug, im ICE oder auf der Autobahn. Und besonders junge Leute lieben die

Bewegung nach extrem schnellen, ohrenbetäubenden Rhythmen. Untersuchungen haben gezeigt, dass ein Drittel aller 12- bis 35-Jährigen unter bleibenden Hörschäden leidet!

Die Symptome des Lebens „im Sekundentakt" sind aber nicht nur körperlicher Art. Wir werden auch auf Dauer ungeduldig – mit uns selbst, miteinander, mit dem Leben und mit Gott. Er erhört nämlich unsere Gebete nicht mit Mouseclick-Geschwindigkeit. Er beugt sich nicht diesem neuen Trend. Er ist derselbe gestern, heute – und wird es immer sein! Er ist die einzig konstante Größe in unserem lauten, schnellen Leben. Wie beruhigend!

Die Notbremse ziehen. Kinder, deren Tage von morgens bis abends durchorganisiert und verplant sind – auch ein fragwürdiger Trend unserer Zeit –, werden eines lebenswichtigen Schatzes beraubt. Viele sind völlig überfordert und landen bei Fachärzten und Therapeuten.

„Babys haben teilweise schon einen Terminkalender wie ein Manager", so Prof. Ulrike Lehmkuhl, Direktorin des Fachbereichs Kinder- und Jugendpsychiatrie an der Berliner Charité. Solche Kinder stehen in der Gefahr, ständig auf Außenimpulse zu warten und „außengesteuert" zu leben.

Mögliche Gefahren können sein: Mangel an inneren Ressourcen wie Kraft, Mut, Hoffnung – besonders in Krisenzeiten; innere Leere, Beeinflussbarkeit, Mitläufertum, Haltlosigkeit und Abhängigkeit von Menschen und Produkten.

Darum sollten wir der Reizüberflutung unserer Kinder vorbeugen, damit ihnen die Fähigkeit erhalten bleibt, sich bei Bedarf zurückzuziehen – in ihren „inneren Garten". So nennt Anne Ortlund in ihrem Buch „Ratschläge von Frau zu Frau" (Leuchter-Edition, Erzhausen) diesen Ort in unserem Herzen. Von frühester Kindheit an kann so ein „innerer Garten" angelegt werden, indem wir unsere Kinder ermutigen, ihre Herzen dem „Klopfen" des Heiligen Geistes zu öffnen: „Siehe, ich stehe vor der Tür und klopfe an. Wenn jemand meine Stimme hört und die Tür öffnet, zu dem werde ich hineingehen ..." (Offenbarung 3,20).

Tägliche Rückzüge in die Stille sind wichtig für die „Gartenpflege“. Sonst droht er zu verwildern und bringt keine Früchte.

Gemeinsam den „geheimen Garten“ entdecken. Wir leben in einer „gefallenen“ Welt, in der sich täglich herzzerreißende Tragödien ereignen. Deshalb tun wir unseren Kindern einen großen Liebesdienst, wenn wir sie früh anleiten, einen „inneren Garten“ anzulegen. Ein Kind, das eine persönliche Beziehung zu seinem himmlischen Vater durch Jesus hat und beten kann, muss niemals allein auf seinem Lebensweg wandern! Und es steht auf einem felsenfesten Fundament in allen zukünftigen Lebensstürmen.

Wie kann ich ganz praktisch dafür sorgen, dass in meiner Familie solche herrlichen „Gärten“ der inneren Zuflucht angelegt werden?

1. Ich muss von ganzem Herzen davon überzeugt sein, wie lebenswichtig solch ein „Garten“ ist.
2. Ich muss alle Ansätze bei meinen Kindern – wie beispielsweise sich absondern, lesen, beten, träumen, nachdenken, schreiben – respektieren, ermutigen und fördern.
3. Ich muss meine Kinder von klein auf trainieren, auch die Wünsche der Eltern nach Stille zu respektieren.
4. Ich muss die „Knöpfe“ ausstellen (Radio, CD-Player, Fernseher, Computer ...).
5. Ich muss im Alltag Oasen der Stille fest etablieren.

Wenn Kinder früh gelernt haben, ihren „inneren Garten“ zu pflegen, können sie später überall und jederzeit darin „verschwinden“. Es fällt ihnen dann leicht, sich sogar in einer lauten, quirligen Menschenmenge aus ihrem „äußeren“ Leben „rauszuziehen“ und bei ihrem Vater im Himmel Zuflucht zu suchen. In der Herzensgemeinschaft mit Gott finden sie ihre Balance wieder und laden ihre „Batterie“ neu auf.

Solch eine „Mitgift“ ist kostbarer als alle Reichtümer dieser Welt!

Zum Leben

Wie ist es um den „inneren Garten“ meiner Kinder bestellt? Was kann ich heute tun, um ihnen bei der Pflege zu helfen?

Zum Beten

Danke, Vater, dass es für Klein und Groß einen „inneren Garten“ gibt. Ich möchte die Bedürfnisse meiner Kinder ernst nehmen und ihre Tage nicht mit Aktivitäten überfrachten. Herr, auch ich brauche den Rückzug in die Stille, damit mein Garten nicht verwildert. Bitte hilf mir, meinen Kindern eine gute „Gartenpflege“ vorzuleben und wertvolle Saat für ihr Leben zu säen.

Zum Weiterlesen

1. Tag: Was Gott von „kleinen Leuten“ hält
Markus 10,13-16
2. Tag: Was Kindergebete Gott bedeuten
Matthäus 21,14-16
3. Tag: Wie ein Kind Gottes Stimme hörte
1. Samuel 3,1-10
4. Tag: Was Eltern ihren Kindern schuldig sind
5. Mose 11,18-21
5. Tag: Wie Eltern ihren Kindern einen guten Start ins Leben ermöglichen können
Sprüche 22,6
6. Tag: Was Gott Eltern und Kindern schenken möchte
Jeremia 31,12-13

Die auf den Herrn harren, kriegen neue Kraft, dass sie auffahren mit Flügeln wie Adler, dass sie laufen und nicht matt werden, dass sie wandeln und nicht müde werden.

Jesaja 40,31

Wie ein Drachen im Wind

GIGI GRAHAM TCHIVIDJIAN

Ich fuhr mit meinem Chevrolet auf den Schulhof und vergewisserte mich noch einmal, dass ich weder das Picknick noch den Drachen vergessen hatte. Lächelnd erinnerte ich mich, wie Antony sich darüber gefreut hatte, dass ich bei seinem Klassenausflug am „Drachentag" als Fahrerin dabei sein würde.

Am Bestimmungsort angekommen, taten wir Mütter unser Bestes, den erwartungsvollen Erstklässlern beim Zusammenbauen ihrer Drachen zu helfen. Den Rest des Tages verbrachten wir damit, enttäuschten kleinen „Fliegern" zu helfen und immer wieder Mut zu machen. Wir entwirrten Schnüre, gaben uns Mühe, Drachen in die Luft zu bringen, befreiten verirrte Drachen aus Bäumen, trösteten diejenigen, deren Drachen kaputtgegangen waren, und holten Drachen, die zu hoch gestiegen waren, wieder herunter.

Während ich dastand und all die leuchtend bunten Plastikdrachen beobachtete, kam mir der Gedanke: „Wie sehr wünschte ich, dass meine Kinder genauso leicht und graziös durchs Leben gleiten würden wie diese Drachen!" Doch was brauchen unsere Kinder, damit sie durchs Leben getragen werden?

Kinder brauchen Starthilfe. Kinder unterscheiden sich nicht allzu sehr von diesen Drachen, dachte ich. Es gibt sie in verschiedenen Formen, Größen und Farben. Und jedes von ihnen braucht jemanden, der ihm beim Start hilft. Manche Kinder brauchen lange, um den Wind zu entdecken, und strengen sich ein ums andere Mal an hinaufzukommen. Andere scheinen schnell zu kapieren und segeln von Anfang an mit Leichtigkeit durchs Leben.

Kinder brauchen Ermutigung. Als ich so dasaß und die Drachen betrachtete, kam Antony plötzlich auf mich zugerannt. „Mama", rief er, die großen blauen Augen voller Tränen, „mein Drachen ist abgestürzt, und der Stock in der Mitte ist kaputtgegangen!"

Ich tat mein Bestes, um ihm zu helfen, den zerbrochenen Drachen zu flicken, aber ich konnte den Schaden nicht beheben. So nahm ich meinen Sohn einfach in die Arme und versuchte ihn zu trösten.

Wie oft, dachte ich, geht es uns Eltern so: Wir würden am liebsten die Verletzungen und Enttäuschungen, die unsere Kinder erleben, „reparieren". Wie gern würden wir sie vor den Fallstricken und Niederlagen bewahren, die auf ihrem Weg lauern, aber oft ist das einfach nicht möglich. Wir alle hoffen, dass unsere Söhne und Töchter mit Leichtigkeit und Grazie durchs Leben schweben. Doch die meisten werden sich ab und zu verheddern und brauchen dann jemanden, der das Durcheinander, das sie angerichtet haben, wieder entwirren hilft. Einige werden einen seelischen Riss abbekommen, andere werden erleben, dass eine Beziehung auseinander geht, eine Ehe scheitert oder ein Unglück ihnen das Herz zerreißt.

Kinder fallen von Zeit zu Zeit auf die Nase, sie erleben Enttäuschungen und Misserfolge. Dann brauchen sie liebevolle, geduldige, sanfte „Instandsetzung" oder Ermutigung, bevor sie wieder in der Lage sind zu fliegen.

Kinder brauchen Wind unter den Flügeln. Genau wie die Drachen sind Kinder zum Fliegen geschaffen. Aber dazu brauchen sie den Wind – die unterstützende Kraft, die aus bedingungsloser Liebe, Annahme, Ermutigung und Gebet kommt.

Mir fiel ein, was David über seinen Sohn gesagt hat: „Beständig soll Gebet für ihn aufsteigen, Tag für Tag soll man ihn loben." Dies ist der Wind unter den Flügeln eines Kindes.

Doch auch als Mutter verliere ich manchmal die Kraft, in der Luft zu bleiben. Auch mir kann es passieren, dass ich abstürze, dass ich Enttäuschungen und Niederlagen erleide.

Die Bibel sagt uns, dass der Wind unter unseren Flügeln der Glaube an die unsichtbare, aber doch unerschöpfliche Kraft des Geistes Gottes ist. Ich habe entdeckt, dass für mich der einzige Weg, neuen Mut zu bekommen und durchzuhalten, darin besteht, mich voll und ganz auf die Kraft des Heiligen Geistes zu verlassen. Jesaja verrät uns dieses Geheimnis: „Die auf den Herrn harren, kriegen neue Kraft, dass sie auffahren mit Flügeln wie Adler ..." (Jesaja 40,31).

Gott ist die Quelle aller Ermutigung und Beharrlichkeit, er gibt uns die Kraft, bis zum Ende durchzuhalten. So können wir „laufen und nicht matt werden ... wandeln und nicht müde werden."

Von neuem schaute ich hinauf zu den bunten Drachen, die hoch über mir am blauen Himmel schwebten. „Herr", betete ich, „gib mir deine Weisheit, damit ich meinen Kindern helfen kann, den Wind des Heiligen Geistes einzufangen und auf dich zu harren. Dann werden sie auffahren können mit Flügeln wie Adler, sie werden laufen, ohne matt zu werden, und ohne Ermüdung sicher und stetig durchs Leben gehen."

Zum Leben

Was kann ich meinen Kindern (oder denen einer Freundin) heute geben, damit sie „Wind unter ihren Flügeln" spüren? Habe ich selbst das Geheimnis entdeckt, wie ich mitten im Alltag aus der Kraft des Heiligen Geistes leben kann?

____

____

____

____

____

Zum Beten

Herr, ich wünsche mir so sehr, dass meine Kinder vom Wind deines Geistes durchs Leben getragen werden. Hilf mir, durch Liebe, Ermutigung und Gebet dafür zu sorgen, dass ein starker Wind unter ihren Flügeln weht. Und wenn sie dennoch abstürzen, dann fang du sie auf. Danke, dass du auch mir neuen Mut gibst, wenn ich am Ende meiner Kräfte bin.

Zum Weiterlesen

Ich gebe meinen Kindern „Wind unter den Flügeln" ...

1. Tag: ... wenn ich mich trösten lasse und Trost weitergebe. *Jesaja 66,13a*
2. Tag: ... wenn ich in ihnen die Zuversicht wecke, dass Gott heil macht, was zerbrochen ist. *Psalm 34,19*
3. Tag: ... wenn ich mit ihren Gefühlen behutsam umgehe. *Kolosser 3,21*
4. Tag: ... wenn ich Gott glaube, dass er von keiner Not im Leben meiner Kinder überrascht sein wird. *Psalm 139,16*
5. Tag: ... wenn ich darauf vertraue, dass Gott durch junge Menschen Großes tun kann. *1. Samuel 17,1-51*
6. Tag: ... wenn ich für sie bete. *Matthäus 7,7-11*

... ein Gott, der die Einsamen nach Hause bringt.
Psalm 68,7

Ohne Mann im Leben

Sabine Schmidt

Mit 17 hat man noch Träume. Mein Traum hieß „Martin", und ein Leben mit ihm bestimmte meine Zukunftsplanung. Doch dann zerbrach unsere Beziehung. Die Jahre verstrichen, und es gab ständige Begleiter: Rendezvous mit den „Immer-Falschen", peinliche Gespräche spätabends im Auto, Liebeskummer und durchweinte Nächte, Begleitschutz für sämtliche meiner Freundinnen zum Traualtar, Strampelanzug-Geschenke an stolze Mütter – aber weit und breit kein passender Mann.

Was mich tröstete: Ich war nicht allein! Christliche Frauen müssen einer Tatsache ins Gesicht sehen: Während in der allgemeinen Bevölkerung rund zwei ledige Männer einer ledigen Frau gegenüberstehen (genauer 1,86:1), gilt laut statistischer Erhebungen für christliche Kreise die glatte Umkehrung: Hier fallen rund zwei Frauen auf einen Mann! Schön für die Männer, ungünstig für die Weiblichkeit.

Mit Mitte dreißig war ich immer noch Single. Aber trotzdem nicht am Boden zerstört (oder zumindest sehr selten). Der Weg zu dieser Einstellung war allerdings weit und steinig. Ein paar Stationen dieses Weges möchte ich Ihnen zeigen.

Wie denke ich über mich? Viele Ledige fühlen sich minderwertig – weil sie minderwertig von sich *denken*! Sie glauben, sie sind nur „halb", solange kein Partner an ihrer Seite steht. Es gab Zeiten, da empfand ich mich nicht als Frau, nur weil kein Mann da war, der mir ständig meine Weiblichkeit bestätigte. Aber wir sind doch nicht erst Mann oder Frau, wenn es uns ein anderer immer wieder zu spüren gibt! Gott hat uns vollständig geschaffen: als Mann und als Frau – sicher in vielem aufeinander angewiesen und doch in sich ein ganzer Mensch.

Mag ich mich eigentlich? Die Antwort auf diese Frage bestimmt weitgehend, ob Sie sich als Single gut oder schlecht fühlen. Und sie reicht noch weiter: Wenn Sie sich als Single nicht mögen, würden Sie sich auch als Ehefrau nicht wirklich annehmen können. Lassen Sie Ihre Gedankenwelt in erster Linie von Gott prägen (die anderen lügen nämlich viel zu oft) und darüber hinaus höchstens von Menschen, die ihn lieben und ernst nehmen. Er sagt nämlich, dass er Sie liebt und es gut mit Ihnen meint. Selbst dann, wenn er Sie für immer ohne Ehepartner lässt! Der Weg solcher Gedanken vom Kopf ins Herz ist manchmal ganz schön schwierig. Aber es ist die Wahrheit.

Wofür lebe ich? Vor einigen Jahren, als ich wieder mal im Selbstmitleid badete (es hatte bestimmt gerade meine letzte ledige Freundin geheiratet ...), las ich in meiner Bibel: „Denn das Leben ist mehr als die Nahrung und der Leib mehr als die Kleidung" (Matthäus 6,25). „... und das Leben mehr als verheiratet zu sein!", ergänzte ich in meinen Gedanken. Und erschrak: Gott schuldete mir nichts! Er hatte mir Vergebung und Leben geschenkt, das ist schon mehr als genug. Er ist nicht dazu verpflichtet, mir einen Mann zu „besorgen".

Dann las ich weiter: „Trachtet zuerst nach dem Reich Gottes und seiner Gerechtigkeit. Dann wird euch alles andere zufallen" (Vers 33). Ich habe als Single mehr Zeit für die Beziehung zu Gott selbst, und ich bin flexibler in meiner Lebensgestaltung – das will ich für das Reich Gottes einsetzen. Nicht, weil ich ohne Mann Eigentum meiner Gemeinde oder meines Arbeitgebers wäre. Aber ich habe tatsächlich andere Möglichkeiten – Chancen!

Wo finde ich andere Beziehungen? Freunde sind für jeden Menschen enorm wichtig. Für Ledige aber sind sie vielleicht *die* Überlebensgarantie! In Freundschaften bietet sich uns ein unendlich weites Feld, Liebe zu geben und zu empfangen. Singles brauchen auch Familien, und Familien brauchen Singles – zum Beispiel ihren frischen Wind, den sie in den Alltagstrott von Müttern bringen können. Freundschaften sind der Ort, an dem man ruhig auch einmal klagen darf, wenn die Woge des Alleinseins und des Frusts über einem zusammenschlägt. Und wo man erfährt, dass eine Ehe auch nicht immer ein Abo auf das große romantische Glück ist, das sich Singles so erträumen.

Welche Ziele stecke ich mir? Weil eine Ehe eben doch nicht alles im Leben ist, habe ich versucht, meine Zukunft so zu planen, *als wenn es keine Männer gäbe.* Das funktioniert nicht immer, aber es kann enorm hilfreich sein, sich innerlich so weit zu lösen, dass bewusst andere Ziele ins Auge gefasst und angesteuert werden können. Verschwenden wir nicht unsere Zeit damit, auf den Mann zu warten, der vielleicht nie kommt! Leben wir *unser* Leben mit allem, was Gott uns gibt – dann werden wir auch nicht schrullig werden oder als verbitterte alte Jungfer enden.

Kann ich mein Leben annehmen? Ganz ohne Frage bleibt das Alleinsein von Zeit zu Zeit mit emotionalen Kämpfen verbunden. Mit Kämpfen gegen die Einsamkeit oder gegen Minderwertigkeitsgefühle, Kämpfen gegen Trauer oder gegen unerfüllte sexuelle Wünsche. Aber wir entscheiden mit darüber, wie wir aus dem Ring steigen. Die Spannungen aushalten, die Zerrissenheit spüren, Tränen weinen, Träume träumen, Freude fühlen, mit Gott ringen und sich ihm hingeben – das alles gehört dazu. Das ist Leben.

Zum Leben

Fühle ich mich als vollständige Frau, auch wenn ich Single bin? Habe ich ein ausreichendes soziales Auffangnetz? Mit welcher verheirateten Frau könnte ich eine Beziehung aufbauen, die uns beide bereichert?

Zum Beten

Danke, Vater, dass ich als Single in deinen Augen kein „halber Mensch“ bin, und erst recht keine „halbe Frau“! Es tut mir auch gut zu wissen, dass ich meine emotionalen Kämpfe nicht vor dir verstecken muss. Wenn ich an irgendeinem Punkt falsch über mich denke, mach mich bitte darauf aufmerksam, denn ich möchte meine Gedankenwelt und meine Gefühle von dir prägen lassen.

Zum Weiterlesen

1. Tag: Wenn Sie das Gefühl haben, letztlich doch immer allein dazustehen ... *Johannes 14,16-18*
2. Tag: Wenn Sie darum kämpfen, mit unerfüllten Wünschen zurechtzukommen ... *Philipper 4,6-9*
3. Tag: Wenn Sie meinen, dass Gott Ihnen etwas vorenthält ... *Johannes 10,10*
4. Tag: Wenn Sie Ihre Gedankenwelt stärker von Gott prägen lassen wollen ... *Römer 12,1-2*
5. Tag: Wenn Sie sich fragen, ob Ihnen das Singlesein irgendwelche Chancen bietet ... *Korinther 7,25-35*
6. Tag: Wenn Sie sich fragen, wie ein zielbewusstes Leben aussieht ... *Philipper 3,12-14*

Denn der dich gemacht hat, ist dein Gemahl.
Jesaja 54,5

Mit Freuden Single-Frau sein

Ingrid Trobisch Youngdale

Am 13. Oktober 1979 kam mein Mann nach seiner Morgengymnastik zu mir ins Schlafzimmer und sagte: „Ingrid, ich spüre, dass mein Körper mir etwas sagen will, aber ich verstehe nicht, was.“ Einen Atemzug später war er tot – ein Mann von 55 Jahren, der sich bis dahin immer guter Gesundheit erfreut hatte. Mit kreischenden Bremsen kam meine ganze Welt zum Stehen: Vom einen Augenblick auf den anderen war ich nicht mehr verheiratet, sondern allein stehend. Es war wie eine Amputation, wie der Verlust eines Beines, und ich musste erst wieder gehen lernen – selbst wenn es von nun an eher ein Hinken sein würde.

Auf eigenen Füßen stehen. Nachdem die erste schwere Zeit hinter mir lag, gab mir eine Freundin den guten Rat: „Jetzt lass es zu, dass der sanfte, aber starke *Mann* in dir geboren wird.“ Der englische Autor C.S. Lewis hat einmal gesagt: „In jeder Frau sollte auch ein Mann stecken und in jedem Mann eine Frau. Ich kann den Mann im Mann oder die Frau in der Frau nicht ausstehen!“ Das können wir in unserer heutigen Zeit, in der die Unterschiede zwischen den Geschlechtern oft allzu sehr geleugnet und eingeebnet werden, leicht falsch verstehen. Aber ich lernte tatsächlich, dem kleinen „Mann“ in mir Raum zu geben – jenem schöpferischen Wollen, das viele von uns als männliche Eigenschaft betrachten. Ich brauchte den Mut, Veränderungen einzuführen. Ich musste mir Zeit nehmen, zu Jesu Füßen zu sitzen und auf ihn zu hören wie Maria, anstatt in eine ruhelose Aktivität zu verfallen wie ihre Schwester Martha. Eine gute Bekannte sagte freundlich: „Gib deine Berufung nicht auf, sondern lerne, nun auf eigenen Füßen zu stehen und sie weiterzuführen!“

Selbstachtung entwickeln. Als Alleinstehende sind wir besonders herausgefordert, unsere Selbstachtung zu entwickeln und zu behalten. Wählen Sie Ihre Freunde weise und suchen Sie sich anregende und lohnende Aktivitäten! Die allein stehende Person braucht – wie die verheiratete – Unterstützung, ein Netz emotionaler und persönlicher Beziehungen. Das ist nicht leicht zu knüpfen, aber eine erfolgreiche Ehe zu führen ist auch nicht leicht – jeder Stand verlangt aufmerksame, auf ein Ziel ausgerichtete Bemühung. Finden Sie einen Menschen in wirklicher Not (zum Beispiel eine ältere oder behinderte, kranke oder einsame Person) und versuchen Sie, ihn etwas glücklicher zu machen. Und lassen Sie Ihren Glauben Leben empfangen in der Wirklichkeit von Gottes unveränderlicher Liebe. Er ist der himmlische Gemahl, ganz besonders von uns Single-Frauen. Er möchte uns begegnen mit seiner Zartheit und Annahme für uns. Es ist möglich, ein erfülltes und vollwertiges Leben zu führen ohne körperliche Sexualität, aber bestimmt nicht ohne Liebe, Bestätigung und Unterstützung.

Enthaltsamkeit leben. Ein Leben ohne Sex ist nicht Prüderie. Sexuelle Abstinenz ist die Entscheidung, frei zu sein vom Druck der Sexualität, der Angst vor Schwangerschaft, dem Risiko der Empfängnisverhütung, um sich ganz auf ein lohnendes Ziel auszurichten. Dietrich Bonhoeffer hat einmal gesagt, dass Keuschheit nicht die Unterdrückung der Lust bedeute, sondern die völlige Einstellung unseres Lebens auf ein bestimmtes Ziel. Derek Prince, ehemaliger Professor in Cambridge, schrieb: „Das Zölibat ist wie ein aufgestauter Fluss. Wenn der Fluss des Sexualtriebs gestaut ist, kann sich entsprechend mehr geistliche, intellektuelle und emotionale Energie auf anderen Gebieten entwickeln wie zum Beispiel in künstlerischen Schöpfungen, Wissenschaft oder beim Eintreten für Hilfsbedürftige. Die Beherrschung des Sexualtriebs durchbricht seine Tyrannei und Macht. Die großen Werke der Welt wurden von Menschen geschaffen, die ihre stark ausgeprägte Sexualität ihrem Lebensziel untergeordnet haben."

Im Frieden mit unserer Sexualität. Dieser Friede hat viel mit der oben erwähnten Selbstachtung zu tun. Aber wie gehen wir mit unserem Körper um, wie können wir mit unserer Sexualität leben? Am besten, indem wir unsere fünf Sinne voll entdecken: Geschmack, Geruch, Geräusch, Anblick, Berührung. Vieles kann die Sinne tief erfreuen: frischer Wind im Gesicht, Wasser um den Körper beim Schwimmen, ein entspannendes Bad, frische Bettwäsche, ein leckeres Essen, ein bestimmtes Parfüm, Sonnenblumen, Musik. Oder sich mal ein besonders schönes Kleidungsstück gönnen, mit dem man sein Spiegelbild wieder so richtig mag. Und sich gegenseitig umarmen. Zuversichtliche Frauen und Männer können nicht nur gute Umarmungen geben, sondern sie auch auf die richtige Weise empfangen.

Bereit zur Liebe. Es gibt nichts Schöneres als eine starke, selbstsichere Frau; eine Frau, die lieben kann, weil sie sich selbst geliebt weiß. Dabei kommt es eigentlich nicht so sehr darauf an, ob wir verheiratet sind oder nicht. Die Frage ist vielmehr: Sind wir bereit zu lieben? Und, vielleicht noch schwieriger: Sind wir bereit, uns lieben zu *lassen*?

Zum Leben

Lebe ich im Frieden mit meinem „Allein-Stand“? Bin ich bereit, auf eigenen Füßen zu stehen und mein Leben selbstverantwortlich in die Hand zu nehmen? Habe ich Wege gefunden, meine Sexualität auszudrücken und mit ihr in Einklang zu leben?

Zum Beten

Herr, du hast mir den Körper und die Seele einer Frau gegeben. Ich freue mich über dieses kostbare Geschenk! Danke, dass du mir Mut machst, zu einer starken und liebevollen Frau heranzureifen. Bitte hilf mir, als Single mit meiner Sexualität in Frieden zu leben und mich an meiner Weiblichkeit zu freuen.

Zum Weiterlesen

1. Tag: Wenn ich mich frage, ob Frauen stark sein dürfen ... *Sprüche 31,25-31*
2. Tag: Wenn ich nicht sicher bin, ob Gott meine Sehnsucht nach einem anderen Menschen versteht ... *1. Mose 2,18*
3. Tag: Wenn ich jemanden suche, der mir hilft, den Alltag zu bewältigen ... *Matthäus 28,20b*
4. Tag: Wenn ich die Grenzen nicht beachtet habe, die Gott meiner Sexualität gesteckt hat ... *1. Johannes 1,8-9*
5. Tag: Wenn ich lernen möchte, die Schönheit um mich herum zu genießen ... *Psalm 104,1-24*
6. Tag: Wenn ich die gewaltigen Zusagen entdecken will, die ledige Frauen auf sich beziehen dürfen ... *Jesaja 54,1-6*

Sein Rat ist wunderbar, und er führt es herrlich hinaus.
Jesaja 28,29

Geborgen in einer festen Burg

Elisabeth von Bibra

Wie sollte ich dieses Erbe nur antreten? Nächtelang lag ich wach, allein auf einem noch unwirtlichen Gelände, voller Angst vor dem Risiko. Ich verzehrte mich vor Sehnsucht nach meinem Mann, der mir fehlte wie noch nie zuvor im Leben.

Nach seinem Tod im September 1993 hatte ich mich von unserem kleinen Häuschen im Schwarzwald verabschiedet und war auf die alte Stammburg der Familie in Thüringen übergesiedelt. Mein Schwiegervater, ein frommer und gottesfürchtiger Mann, hatte sie bis zu seinem Tod gehütet und alle dazugehörigen Opfer mit heiterer Selbstverständlichkeit gebracht. Nun war die Reihe an der nächsten Generation.

Eine Ehe lang hatten mein Mann und ich für diese Burg gebetet. Es war uns zur festen Gewissheit geworden, dass sie einen Auftrag für das Reich Gottes übernehmen sollte: So wie sie früher Reisenden Schutz und Hilfe auf ihrem Weg geboten hatte, sollte sie auch heute Menschen auf ihrer Lebensreise Schutz und Hilfe bieten.

Vor neuen Herausforderungen. Eigentlich war das ein wundervoller Auftrag. Die alte Burg war ein schönes Bauwerk – aber auch ein sehr renovierungsbedürftiges. Aus buchstäblich jeder Ecke starrte mich Arbeit an. Wie sollte ich vorgehen? Gänzlich unerfahren in allem, was mit Bau und Finanzierung zu tun hat, stand ich da und wusste nicht, wo und wie ich überhaupt mit der Arbeit anfangen sollte.

„Sein Rat ist wunderbar, und er führt es herrlich hinaus“ (Jesaja 28,29). Das war unser Wahlspruch in all den Jahren des Betens gewesen. Und dieser Wahlspruch leuchtete auch jetzt tröstend über aller Angst und Ungewissheit auf.

Zunächst begegnete Gott mir in Freunden, die von unserem Auftrag wussten – und von der riesengroßen Aufgabe, die damit verbunden war. Einer sprach mir Mut zu, diese Aufgabe sofort entschlossen anzupacken. Ein anderer bot mir seine Hilfe bei der Beschaffung von Geldern an. Wieder ein anderer, ein Architekt, sagte mir seine unentgeltliche Begleitung zu. Und viele neue Freunde mit großer Kompetenz und Einsatzfreudigkeit kamen dazu. Ermutigt durch das Wunder solch kostbarer Freundschaften machte ich mich, noch sehr unsicher und zaghaft, an die Arbeit.

Ein weiterer Freund, der mir in dieser Zeit ans Herz wuchs, stammte aus der Bibel – es war Hiob. Bei seinem unbegreiflichen Elend, gegen das meine Sorgen nur ein kleiner matter Schatten waren, tröstete mich der wunderbare Ausgang seiner Geschichte. An seiner Biographie lernte ich – wenn auch mit Zittern –, dass Gott nicht immer zu begreifen, aber unbedingt vertrauenswürdig ist.

Schritt für Schritt voran. Schritt für Schritt lernte ich, auf dieser Baustelle vorwärts zu gehen und zu leben. Fünf Jahre Bauzeit wurden zu einer „Jüngerschule“ ganz besonderer Art für mich. Nachfolge heißt, nach den Fußspuren Gottes zu suchen und dort hinein den nächsten Schritt zu setzen. Immer war auch für mich seine Spur da, der nächste Schritt vorgezeichnet. Oft waren es nur winzige Schritte, die ich vorangehen konnte. Doch zwischendurch öffnete Gott auch wieder größere Ausblicke.

Eine Vision wird wahr. Im Ganzen war diese Zeit wie ein Mosaik, das sich still und unbemerkt zu einem Bild entwickelt hat:

Burg Bibra e.V. ist als gemeinnütziger Verein für Erwachsenenbildung auf christlicher Basis eingetragen. Nach und nach haben sich Menschen gefunden, die mir dabei helfen, die praktische Arbeit zu tun, die ein solches Seminarhaus mit sich bringt. Es sind Mitarbeiter dazugekommen, die bereit sind, Seminare zu gestalten und die Gaben einzusetzen, die ihnen von Gott anvertraut wurden.

Ein Kreis von Freunden ist entstanden, dem der Auftrag dieser Burg ans Herz gewachsen ist. Sie helfen mit ihrer Kraft, mit Gemüse und Marmelade, mit ihrem Geld und ihren Gebeten, diesem Auftrag nachzukommen.

Menschen gewinnen die Burg lieb, weil Gott diesen Ort gebraucht, um sie zu segnen, ihnen zu begegnen, sie zu trösten, zu korrigieren, zu ermutigen oder zur Ruhe zu bringen.

Die alte Vision, die mein Mann und ich lange Jahre in unseren Herzen trugen, gewinnt immer mehr an Gestalt. Was Gott als unsichtbaren Glauben in uns hineingelegt hatte, wird nun sichtbar und erfüllt sich auf dieser alten, so lange umbeteten Burg. Es ist ein großes, starkes, stilles Wunder, das die Kraft hat, alle Ungewissheiten der Zukunft, die damit verbunden sind, im Vertrauen auf ihn – den Anfänger und Vollender des Glaubens – zur Ruhe zu bringen.

Ja, sein Rat ist wunderbar, und er führt es herrlich hinaus!

Guter Charakter ist mehr zu rühmen
als ein hervorragendes Talent.
Die meisten Talente sind
bis zu einem gewissen Grad ein Geschenk.
Guter Charakter dagegen wird uns nicht geschenkt.
Wir müssen ihn Stück für Stück aufbauen –
durch Gedanken, Entscheidungen, Mut und Entschlossenheit.
JOHN LUTHER

Zum Leben

Gibt es etwas, womit ich Gott dienen könnte, das mir aber „eine Nummer zu groß" erscheint? Was hält mich davon ab, es trotzdem zu versuchen?

Zum Beten

Herr, manchmal stellst du mich vor Herausforderungen, bei denen ich denke: „Ich kann das nicht. Das ist zu schwer für mich!" Hilf mir dann, darauf zu vertrauen, dass du mich fest an der Hand hältst. Bitte mach mir immer wieder Mut, mit dir jedes Abenteuer zu wagen, das du für mein Leben geplant hast.

Zum Weiterlesen

1. Tag: Wenn Gott mich ruft, spielt es keine Rolle, wie unbedeutend ich mir vorkomme. *Richter 6,1-17*

2. Tag: Wenn Gott mir einen Auftrag gibt, ist es egal, wie alt oder jung ich bin. *Jeremia 1,4-8*

3.Tag: Wenn Gott seinen Plan für mein Leben ausführt, ist er nicht von meiner eigenen Kraft abhängig. *2. Korinther 12,9-10*

4. Tag: Wenn Gott mich ruft, brauche ich mich von Widerständen oder ungünstigen Umständen nicht erschrecken zu lassen. *Josua 1,9*

5. Tag: Wenn Gott mir zur Seite steht, brauche ich mich nicht zu fürchten. *Jesaja 41,8-14*

6. Tag: Wenn Gott mir eine Aufgabe gibt, kann mich nichts mehr hindern. *Offenbarung 3,7-8*

Brich dem Hungrigen dein Brot,
und die im Elend ohne Obdach sind, führe ins Haus!
Wenn du einen nackt siehst, so kleide ihn.
Jesaja 58,7

Mut zur Demut

SABINE BALL

Mut zum Aufbruch. Mutig bin ich wohl schon immer gewesen: Als junge Kaufmannstochter verließ ich das zerbombte Nachkriegsdeutschland, um allein nach Amerika auszuwandern. Ich wusste, dass ich gut aussah. Mein Ziel war, einen wohlhabenden Mann zu heiraten und dem Elend in einem vom Krieg zerstörten Land zu entkommen.

In Abendkursen absolvierte ich eine Hotelfachschule und wurde kurz darauf Chefin eines Jachtklubs in Miami Beach. Dort verkehrten die ganz Reichen, mein Plan ging wirklich auf: Ich heiratete einen amerikanischen Millionär. Als ich das Haus seiner Eltern mit den Dienern und elf Bädern sah, fühlte ich: Jetzt habe ich es geschafft! Fortan verbrachte ich meine Zeit mit Reisen, Kreuzfahrten, Cocktailpartys und Shopping.

Mut zur Selbsterkenntnis. Doch mit der Zeit empfand ich dieses Leben als Tretmühle. Wir haben alle ein Spiel gespielt und trugen Masken. Schließlich bin ich aufgewacht. „Wir müssen uns ändern, um von dem vielen Alkoholkonsum wegzukommen!“, sagte ich zu meinem Mann. Aber er konnte oder wollte das nicht. Ich ließ mich scheiden und fing mit meinen beiden Kindern weit weg in Kalifornien ein neues Leben an. Doch auch die neuen

Freunde enttäuschten mich. In einer schlaflosen Nacht gelangte ich zu einer schmerzhaften Einsicht über mich selbst: Ich erkannte, dass ich auch nicht besser war als andere. Kurz darauf verkaufte ich mein Haus und meinen Schmuck und kaufte dafür ein Stück Land mit einer Scheune bei Mendocino. Ich lud Hippies ein, dort zu leben, und zog später mit meinen Kindern ebenfalls dorthin.

Mut zur Einfachheit. Nach dem Reichtum und Luxus war das einfache Leben etwas besonders Schönes. Wir waren auf der Suche nach einem anderen, echteren Dasein. Es entstand eine alternative Lebensgemeinschaft, die mit ihrer Kreativität und dem einfachen, naturverbundenen Leben ein Vorbild für die Welt sein wollte.

Heute weiß ich, dass auch der neue Weg eine Sackgasse war. Ich bildete mir ein, eine „Hippie-Mutter" zu sein und versuchte, die jungen Menschen von den Drogen wegzubekommen. Aber ich hatte ja selbst kein Ziel für mein Leben.

Mut zum Glauben. Zusammen lasen wir viele Bücher und diskutierten über den Sinn des Lebens. Eines Tages kam ein junger Mann zu Besuch, der uns tagelang Stellen aus der Bibel erklärte. Ich wurde sehr zornig und wehrte mich vehement gegen die christliche Botschaft. Doch schließlich erkannte ich, dass ich mir selbst im Weg zu Gott stand, und gab den Kampf auf. Ich weinte, ging auf die Knie und bat Jesus Christus um Vergebung. Ich sagte zu ihm: „Nimm mein ganzes Leben, und von jetzt ab leite du mich. Ich will nach deinem Willen leben."

Mut zum Hören. Mehr als zwei Jahrzehnte später, 1992, führte Gott mich nach Dresden. Als ich zum ersten Mal durch die Neustadt ging, bewegte mich das Elend dort so sehr, dass ich auf der Straße in Tränen ausbrach. Da sprach Gott zu meinem Gewissen: „Ich schicke dich hierher." In mir sträubte sich alles dagegen; die Luft war so schlecht und die Straßen schmutzig. Mit meinen damals 68 Jahren kam ich mir zu alt vor für solch eine Aufgabe. Aber Gott sprach weiter: „Nicht du gehst, ich gehe." Ich wusste:

Dies war meine Berufung, die gute Nachricht den Jugendlichen zu bringen.

Mut zum Dienen. Inzwischen habe ich, gemeinsam mit vielen Helfern aus den umliegenden Gemeinden, das „Café Stoffwechsel“ in der Dresdner Neustadt aufgebaut. In dieser sehr einfachen, aber gemütlichen Stube erleben Punks und Straßenkinder die Großzügigkeit Gottes, der sie liebt und dem sie wertvoll sind.

Die Leute staunen oft, wenn sie mich mit meiner geblümten Schürze sehen und dann erfahren, dass ich als Millionärsgattin im Jet Set Amerikas gelebt habe. Aber es ist mir eine Ehre, dass Gott mir diese Aufgabe zutraut, dass ich dienen und in dieser Welt von Nutzen sein darf.

Heute haben wir zwei Wohnhäuser saniert, fast alles aus Spendengeldern. Dazu haben wir ein drittes Haus in einem sanierungsbedürftigen Zustand erwerben können. Auch dort wollen wir Menschen aus den Randgruppen betreuen. Die „Dresdner Tafel“ und die Bäckerzugaben helfen uns, Kindern täglich Mahlzeiten zu geben.

Mut zur Demut. „Demut“ – das ist „Mut zum Dienen“. Wir suchen oft ein glanzvolles Leben. Aber dadurch werden wir nicht glücklich. Meist kommen wir auf steinigen Wegen zum wahren Leben, und durch schwierige Umstände verbrennt Gott das Schlechte in uns. Dadurch lernen wir, uns ganz auf Gottes Zusagen zu verlassen und aus seiner Kraft zu leben. Das erfordert Mut – Mut zur Demut eben.

Zum Leben

Wäre ich einverstanden, wenn Gott plötzlich anfangen würde, mein ganzes Leben umzukrempeln? Wäre ich auch bereit, aus meinem gesellschaftlichen Umfeld auszusteigen, falls er das möchte?

Zum Beten

Lieber Herr, du bist die Quelle meines Mutes und meiner Kraft. Gib mir den „Mut zum Dienen“, damit ich mich auf jede Herausforderung einlassen kann, die du mir in den Weg stellst. Danke, dass du mich auffängst, wenn ich im Vertrauen auf dich den Sprung ins Ungewisse wage!

Zum Weiterlesen

1. Tag: Meine ich, dass äußerer Reichtum mir Erfüllung geben könnte?
Prediger 5,9
2. Tag: Bin ich bereit, Liebgewordenes loszulassen, wenn Gott das möchte?
Lukas 9,57-62
3. Tag: Honoriert es Gott, wenn ich alles für ihn aufgebe?
Matthäus 19,27-29
4. Tag: Sage ich Ja dazu, eine Dienerin zu sein?
Johannes 12,24-26
5. Tag: Welchen Maßstab legt Gott an meinen Dienst?
Markus 9,33-37
6. Tag: Was heißt es für mich, anderen zu dienen?
Philipper 2,3-4

Früh am Sonntagmorgen, gerade als die Sonne aufging, kamen die Frauen zum Grab ... sie merkten, dass der Stein nicht mehr vor dem Grab lag.

Markus 16,2-4 (Hfa)

Der Stein ist weg!

Marianne Hirzel

Am Ostersonntag gehe ich oft ganz früh morgens in die Natur. Eine tiefe Sehnsucht, meinem Herrn zu begegnen, treibt mich nach draußen, um alleine zu beten und nachzudenken. Meine Gedanken wenden sich auch den Frauen zu, die bei Sonnenaufgang zum Grab gingen, um den toten Jesus einzubalsamieren.

An einem solchen Ostermorgen wanderte ich an einem Bachbett entlang. Es war früh, kalt und düster, noch fast dunkel. In einem Sack trug ich Osterhasen und andere Süßigkeiten (für meine erwachsenen Kinder – sie wollten die Tradition weiterpflegen und am Morgen ihre Osternestchen suchen, wie sie es als Kinder so gerne getan hatten!). Doch mir war schwer ums Herz. Sorgen und Ängste drückten mich, und ich konnte keine echte Freude empfinden. Gut konnte ich nachfühlen, wie die Frauen auf dem Weg zum Grab zueinander sagten: „Wer rollt uns den Stein vom Grab?"

Der Stein auf dem Herzen. Wer aber rollt mir den Stein vom Herzen, den ich empfinde – den Schmerz über den Kreuzestod meines Herrn Jesus Christus? Ich fühlte mich mitschuldig, sündig und mutlos. Ohne Begeisterung versteckte ich die süßen Sachen für meine Kinder.

Plötzlich durchbrach ein Lichtstrahl den grauen Morgen – und traf mich mitten ins Herz! War *er* doch bei mir? Es durchfuhr mich ganz warm: Gerade durch seinen Tod hat Jesus auch *meinen* Stein von meinem Herzen genommen. Der Engel sagte den Frauen: „Habt keine Angst, er ist auferstanden, er lebt, der Stein ist weg!" Auf einmal spürte ich die Osterfreude: Er lebt, ich darf heraustreten aus meiner eigenen traurigen Grabhöhle. Die Last hat er auf sich genommen, ich bin frei und darf es allen weitersagen: Jesus, das Leben, ist nicht tot, er lebt – auch in mir!

Der Stein wird gesprengt. Die Last jeder Niedergeschlagenheit, Sünde und Trauer hat Jesus durch seine Auferstehung gesprengt. Robert C. Crosby sagt, es sind „weder die düsteren Freitage noch die strahlenden Sonntage, die der größten Gnade bedürfen. Die größte Gnade brauchen wir während der ewig langen Samstage des Lebens, wenn wir mittendrin stecken. Der Samstag ist der Ort zwischen unseren Toden und unseren neuen Geburten. Dort ringen wir um die Kraft, unsere Trauer oder Enttäuschung zu überwinden und im Leben weiterzugehen ... Petrus, Johannes und die anderen Jünger erlebten den längsten Samstag der Geschichte, den Tag nach der Kreuzigung Jesu. Am Freitag der Woche hatten sie alles verloren, wofür sie gelebt hatten. Ihre Hoffnungen waren nicht getrübt, sondern vernichtet worden; ihre Träume wurden nicht enttäuscht, sondern völlig zerschlagen. Gott allein weiß, welche Qualen die Herzen der Elf an diesem Samstag erfüllten. Er kennt die Fragen. Die Sorge. Die Verwirrung. Die Angst. Hoffnung wird nie dringender benötigt als an Samstagen."

Wie die Jünger und wie die Frauen auf dem Weg zum Grab hatte ich nicht begriffen, dass der Grund meiner Not schon überwunden war. In meinen Gefühlen war noch „Samstag", doch die Tiefe der Nacht war schon überwunden, und ein neuer Tag – der Tag der Auferstehung – war angebrochen. Als diese Wahrheit in mein Herz fiel, bin ich auf dem Rückweg nach Hause fast geflogen!

Stärker als Stein. Diese Freude dürfen wir nicht nur am Ostersonntag erleben. Nein, jedes Mal, wenn wir Abendmahl feiern, wenn wir an den Schmerz und die Schuld denken, die Jesus für uns trug, kann über uns die Freude hereinbrechen, dass wir frei sein dürfen! Frei durch seinen gebrochenen Leib und das Blut, das er für uns vergossen hat. Diese Osterfreude, diese befreiende Wahrheit, können wir das ganze Jahr hindurch erleben.

Heute brauchen wir mehr denn je die Ermutigung, dass der Samstag vorüber und der Stein weggewälzt ist: Steine, die uns den Weg zu Jesus verstellen. Steine, die sich zwischen Partnern erheben, zwischen Familienmitgliedern und Freunden. Steine, die unseren Alltag beschwerlich machen. Steine, die uns den Weg zu verbauen scheinen wie Arbeitslosigkeit und Zukunftsängste. All das sind Probleme, die auch vor Christen und Kirchentüren nicht Halt machen. Immer wieder neu sind wir herausgefordert, die Wahrheit der Auferstehung Christi hinauszutragen – dass es nichts gibt, das stärker ist als die Hoffnung, die Jesus Christus schenkt.

So erlebte ich es bei einem Ostergottesdienst in Russland. Wildfremde Menschen sagten zu uns: „Christus ist auferstanden!“, und wir lernten, auf Russisch zu antworten: „Er ist wahrhaftig auferstanden!“ Das ist Ostern. Diese Botschaft dürfen wir in unseren Alltag hineintragen.

Zum Leben

Gibt es in meinem Leben „Steine“, die mir im Weg zu stehen scheinen? Welche? Bin ich bereit, darauf zu vertrauen, dass Jesu Sieg ganz konkret für diese Situationen gilt?

Zum Beten

Jesus Christus, deine Auferstehungskraft hat das Grab gesprengt! Sie ist auch stärker als alle Probleme und Nöte. Danke, dass ich nicht in der Niedergeschlagenheit des Samstags stecken bleiben muss, sondern in der Freude und Freiheit des Sonntags leben kann.

Zum Weiterlesen

1. Tag: Nach dem Dunkel bricht ein neuer Morgen an.
Johannes 21,1-14
2. Tag: Nach dem Winter kommt ein neuer Frühling.
Jesaja 43,18-19
3. Tag: Nach dem Warten flammt die Hoffnung auf.
Johannes 11,1-45
4. Tag: Nach dem Sterben schenkt Gott neues Leben.
Römer 6,1-11
5. Tag: Nach der Trauer bricht die Freude auf.
Psalm 126,1-6
6. Tag: Nach der Zeit beginnt die Ewigkeit.
Hosea 2,21-22

Nun aber ist Christus auferstanden von den Toten als Erstling unter denen, die entschlafen sind.
1. Korinther 15,20

Das leere, bunte Kreuz

Frauke Bielefeldt

Ich weiß noch genau, wie ich mein erstes Ostern als Christin erlebte: Im Laufe des Vorjahres war Gott mir begegnet, und ich hatte eine Beziehung mit ihm begonnen. Nun ging es auf Ostern zu – zum ersten Mal mit sehenden Augen! Für ein paar Freunde bastelte ich Osterkarten: Auf der Vorderseite schnitt ich ein großes Kreuz in das weiße Papier; die Innenseite aber malte ich in den buntesten Farben und Mustern aus. So sprang einem durch das leere Kreuz hindurch die bunte Fülle entgegen. Und genau das wollte ich ausdrücken: Im Kreuz (das jetzt leer ist, weil Jesus auferstanden ist) liegt das Leben.

Auferstanden in Wirklichkeit. Heute habe ich mich fast an die Auferstehung gewöhnt. Aber was wäre eigentlich, wenn Jesus nicht auferstanden wäre? Paulus hat geschrieben, dass wir dann die allerarmseligsten Menschen auf der ganzen Welt wären (1. Korinther 15,19). Wir (Christen) wären vielleicht ganz nette Leute, *vielleicht* im Durchschnitt sogar etwas netter als andere Menschen – aber elende Träumer, in einer Illusion verfangen, einer falschen Hoffnung auf den Leim gegangen. Denn mal ehrlich: Was wäre unser Christsein, wenn wir die Hoffnung auf ein Leben nach dem Tod streichen müssten? Und die steht und fällt damit, dass Christus als „Erstling der Auferstehung" (Kolosser

1,18) wirklich und leibhaftig und so real, wie wir es uns überhaupt nur vorstellen können, nach seinem Tod zu neuem Leben erweckt worden ist.

Auferstanden in ein neues Leben. Dieses Leben ist nicht einfach eine Verlängerung des irdischen Lebens gewesen, wie bei Lazarus und dem jungen Mann in Nain, die Jesus zuvor auferweckt hatte. Nein, es geht weiter in alle Ewigkeit. Die Auferstehung besiegelt, dass das, was am Kreuz passiert ist, Gültigkeit hat. Der Tod ist der schlimmste Feind des Menschen, die ultimative Frucht der Sünde, wie Gott schon im Garten Eden warnte: „Wenn ihr von dem Baum der Erkenntnis esst, wird der Tod in euer Leben treten!“ (1. Mose 2,17). Jesus hat diesen letzten Feind überwunden. Sein neues Leben ist einfach stärker als der Tod. Können wir uns das vorstellen? Wohl kaum, dazu fehlen uns einfach die Parallelerfahrungen. Aber auf uns wartet das Gleiche, wenn wir uns für Zeit und Ewigkeit mit Jesus verbinden (das heißt „Glaube“).

Auferstanden in die himmlische Welt. Genauso wenig, wie ich mir vorstellen kann, wie es ist, „aufzuerstehen“, kann ich mir vorstellen, wie es im Himmel sein wird. Wie sagt es noch der Mönch in der Geschichte, der es einmal ausprobieren durfte und dann berichten sollte? „Ganz anders!“, nur diese zwei Worte. Aber ich kann mich darauf freuen, wie es sein wird, wenn ich Gott endlich *sehen* kann (vielleicht sogar fühlen?), wenn die Gemeinschaft mit ihm nicht mehr durch tausend Kämpfe und Ablenkungen und Verzerrungen gefährdet sein wird. Und wenn die Sünde, deren destruktive Kraft mir hier oft noch nicht einmal bewusst ist, endlich ausgesperrt sein wird. Keine Feindschaft mehr, keine Zerstörung, kein Leid und keine Krankheit.

Auferstanden – Hoffnung für heute. Und das bedeutet eine Menge schon für mein Leben hier: Alles, worunter ich in dieser Welt leide, ist nur vorläufig. Ideen, die ich habe, und die ich hier vielleicht nie umsetzen kann, bekommen in der Ewigkeit noch einmal eine Chance. Fragen, die mich umtreiben, finden dort ihre Antwort. Ungerechtigkeit, die ich und andere erleiden, wird ihren Ausgleich finden. Heilung, innere und äußere, nach der wir uns so sehr sehnen, wird spätestens dann greifen. Die große Wiederherstellung – eine herrliche Aussicht!

Diese Hoffnung haben wir, weil Jesus auferstanden ist. Es gibt kein annähernd stichhaltiges Indiz dagegen, dass das Grab wirklich leer war. Es sind nur unsere trägen und skeptischen Herzen, die sich schwer damit tun. Sie werden gestärkt, wenn wir Jesus *heute* erleben. Denn dieses unvergängliche Leben, das eine völlig andere Qualität besitzt als unser gebrochenes natürliches Leben, lebt Jesus seit Ostern.

Was steht bei Ihnen diese Woche an? Wo sitzt der Stein noch ganz fest auf Ihrem persönlichen „Grab", wo stecken Sie in etwas fest und wissen nicht mehr, wie es weitergehen soll? Jesus lebt. Er ist in Bewegung. Als Maria das Grab besuchte, sprach er sie an, und sie meinte, er wäre der Gärtner (Johannes 20,15). So kann Jesus auch heute mitten in meinen und Ihren Alltag hineinplatzen. Wenn jemand von den Toten aufersteht, dann ist auch der „Lauf der Dinge" kein absoluter Maßstab mehr – dann ist unsere Welt offen für überraschende Wenden, dann ist das letzte Wort nie gesprochen! Mit diesem Leben begleitet er uns, belebt uns und lässt uns immer wieder kleine und große Wunder erfahren. Die Auferstehung bringt die Ewigkeit in unser Leben – schon jetzt.

Zum Leben

Wie wird mein Leben von der Auferstehung Jesu geprägt? Wo lebe ich noch so, als ob Jesus nicht auferstanden wäre?

Zum Beten

Jesus, durch deinen Tod am Kreuz hast du mir Zutritt zur Ewigkeit geschaffen. Danke, dass ein Leben auf mich wartet, das so schön ist, wie ich es mir gar nicht vorstellen kann! Überwinde alle Trägheit und Skepsis in meinem Herzen, und präge mein Leben schon heute mit deiner Auferstehungskraft.

Zum Weiterlesen

1. Tag: Weil Jesus am Kreuz gestorben ist, kann ich Erlösung finden.
   Kolosser 1,12-14
2. Tag: Weil Jesus am Kreuz gestorben ist, ist meine Schuld bezahlt.
   Kolosser 2,6-15
3. Tag: Weil Jesus auferstanden ist, ist der Tod besiegt.
   1. Korinther 15,50-57
4. Tag: Weil Jesus auferstanden ist, habe ich ewiges Leben.
   Johannes 6,35-40
5. Tag: Weil Jesus auferstanden ist, kann ich anders leben.
   Kolosser 3,1-10
6. Tag: Weil Jesus auferstanden ist, gehört mein Leben ihm.
   Römer 14,7-9

Wie du mich gesandt hast in die Welt,
so sende ich sie auch in die Welt.
Johannes 17,18

Gesandt in meine Welt

Susan Howard

Vielleicht kennen Sie mich. Vom Fernsehen. Ich habe in der „Dallas"-Serie die Donna gespielt. Schon als Kind hatte ich davon geträumt, Schauspielerin zu werden, und nun war ich an der Spitze der Erfolgsleiter angekommen. Aber wissen Sie was? Aller Glanz von „Dallas" hat mir nicht das geben können, was ich gesucht habe. Ich war ungemein stolz und unersättlich, aber dabei doch schwach und voller Neid und Eifersucht.

Meine Ehe drohte auseinander zu brechen. Mitten in dieser Krise schlug mein Mann plötzlich vor, in die Kirche zu gehen. Ich war total perplex, denn mit Christsein verband ich zu der Zeit vor allem Weihnachtsbaum und Krippenspiele. Von meiner religiösen Erziehung war nicht viel mehr übrig geblieben als ein paar gute Grundsätze. Doch in jenem Gottesdienst erlebten wir beide Gottes tiefe, lebensverändernde Liebe.

Mission im Ausland? Wir verstanden, dass Gott einen Plan für uns hat, und begannen, ihn zu fragen, was wir tun sollten. Möglicherweise, so dachten wir, möchte er, dass wir als Missionare nach China gehen. Plötzlich bedeutete es mir gar nicht mehr so viel, in Los Angeles zu bleiben, und ich lehnte sogar ein paar Rollenangebote ab. Ich hatte ja nun etwas ganz Neues und Besonderes entdeckt. Aber zunächst spielte ich weiterhin die Donna.

Bekenntnis in Hollywood. Anfänglich waren die Rollen der Donna und ihres Mannes ziemlich unbedeutend, doch dann geriet ich in die Situation, in der es darauf ankam, mitten in der Welt Hollywoods zu Gott und seinen Maßstäben zu stehen: Die Drehbuchautoren planten, dass Donna ein Kind mit Downsyndrom erwarten und abtreiben würde. Sie fanden es nur logisch, ein behindertes Kind abzutreiben. Als ich davon erfuhr – mitten auf einem Empfang –, war ich furchtbar ärgerlich. Zu Hause beteten und fasteten mein Mann und ich. „O Gott", betete ich, „ich weiß, du gibst mir keine Last, die ich nicht tragen kann." Im biblischen Bericht über Esther wird zu ihr gesagt: „Wer weiß, ob du nicht genau für diesen Zeitpunkt in dieses Königreich gekommen bist?" Ich wusste: Jetzt ist meine Zeit gekommen, Farbe zu bekennen!

Ich rief also beim Produzenten an und teilte ihm mit, dass ich meine Rolle nicht weiterspielen könnte, weil eine Abtreibung für mich unmöglich sei. Drei Wochen später war das Drehbuch immer noch nicht geändert, doch ich blieb hartnäckig: „Wenn Sie wirklich so weitermachen wollen, müssen Sie sich nach einer anderen Besetzung umsehen. Ich werde das so nicht spielen." Einige Zeit später rief der Produzent bei mir an und fragte mich: „Was würden *Sie* tun, wenn Sie feststellen würden, dass Sie mit einem Kind mit Downsyndrom schwanger sind?" Die Antwort fiel mir nicht leicht, aber ich sagte: „Ich würde das Kind bekommen." Es war lange still am anderen Ende der Leitung, dann antwortete er: „Donna soll ihr Kind haben." So wurde das Drehbuch schließlich umgeschrieben: Donna bekam ihr behindertes Kind, und der Sender eine unglaubliche Welle an dankbaren Zuschauerreaktionen!

Die Macht des Gebets. Es kamen noch viele andere Gelegenheiten, in der Filmbranche meinen Glauben zu bezeugen. In meiner Gemeinde gründete ich einen Arbeitskreis „Frauen in der Unterhaltungsindustrie". Wir haben uns zum Ziel gesetzt, intensiv für die Umwandlung der destruktiven Einflüsse zu beten, die sich in der Film- und Musikbranche breit machen. Im Laufe der Jahre haben wir erstaunlich viele Gebetserhörungen erlebt, persönlich und auch in der Medienwelt.

Unterschätzen Sie niemals die Macht des Gebets! Sprechen Sie so mit Gott, wie Sie mit Ihrer besten Freundin reden würden; trinken Sie meinetwegen Tee mit ihm oder gehen Sie spazieren. Nehmen Sie ihn in jeden Lebensbereich mit hinein, und Sie werden feststellen, dass er immer für Sie da ist!

Die eigene Berufung finden. Manchmal meinen Frauen, ich sei etwas Besonderes. Dabei bin ich kein bisschen außergewöhnlicher als Sie. Seien Sie *Sie*! Leben Sie das, wozu Christus Sie berufen hat, oder versuchen Sie herauszufinden, was das ist. Fürchten Sie sich nicht davor, Chancen wahrzunehmen und Dinge zu tun, die Sie vorher noch nie probiert haben! Jesus möchte etwas ganz Neues in und mit Ihnen beginnen – etwas, woran Sie vielleicht noch nie gedacht haben.

Sind Sie ängstlich? Schrecken Sie vor etwas zurück, das Sie eigentlich gerne tun würden? Gott möchte Ihnen zeigen, wie Sie es anpacken können. In seiner Nachfolge brauchen wir uns vor Neuem nicht zu fürchten. Allerdings können wir dann auch nicht sagen: „Ich habe diese außergewöhnliche Leistung vollbracht." Wohl aber: „Gott hat dies durch mich getan, und ich bin dabei gesegnet worden."

Zum Leben

Habe ich eine Aufgabe auf dem Herzen, die ich mit Gottes Hilfe angehen möchte? Wie kann ich in meinem besonderen Umfeld „Farbe bekennen“ und zu meinem Glauben stehen?

____

____

____

____

____

Zum Beten

Lieber Herr, du hast mich in meine ganz spezielle Umgebung gestellt. Genau hier kann ich von dir weitersagen! Bitte mach mir immer wieder Mut, für dich „Farbe zu bekennen“ – auch dann, wenn es unbequem wird.

Zum Weiterlesen

1. Tag: Wenn Sie meinen, Sie hätten anderen nichts zu geben ...
Matthäus 5,13-16

2. Tag: Wenn Sie denken, Sie seien nicht gebildet genug, um Gottes Auftrag auszuführen ...
1. Korinther 1,26-31

3. Tag: Wenn Sie fürchten, Sie wüssten nichts zu sagen ...
Matthäus 10,16-20

4. Tag: Wenn Sie sich fragen, ob andere Sie nicht „komisch“ finden ...
Galater 1,10

5. Tag: Wenn Sie Angst davor haben, in einer gottlosen Welt die Wahrheit Gottes zu sagen ...
Apostelgeschichte 4,23-31

6. Tag: Wenn Sie nicht sicher sind, ob sich Ihr Einsatz lohnt ...
Apostelgeschichte 18,1-10

So sind wir nun Botschafter an Christi statt, denn Gott ermahnt durch uns; so bitten wir nun an Christi statt: Lasst euch versöhnen mit Gott!

2. Korinther 5,20

Was kein Engel für uns erledigt

Elisabeth Freitag

Ist es nicht erstaunlich, dass Gott die Botschaft der Errettung ausgerechnet Menschen anvertraut hat, Menschen wie Ihnen und mir? Das wurde mir noch einmal deutlich, als ich die Geschichte eines Missionars hörte:

Der Mann war mit dem Auto unterwegs. Als er an einem Park vorbeifuhr, hatte er plötzlich den Eindruck, dass er anhalten sollte. Erst fuhr er einfach weiter, doch als das Gefühl während der nächsten zwanzig Kilometer nicht von ihm wich, drehte er um und fuhr zurück. Er hatte seine Zweifel, als er aus dem Auto stieg und sich an der grasbedeckten Böschung hinsetzte. Keine Spur eines anderen Menschen war zu sehen.

Plötzlich tauchte ein Mann aus einem anderen Teil des Parks auf. Er weinte, kam direkt auf den Missionar zu und sprach ihn mit Namen an. Sie setzten sich an einen Picknicktisch, und der Mann begann, sein Herz auszuschütten. Er erzählte die tragische Geschichte eines Autounfalls, in den er verwickelt war. Seine Frau und seine einzige Tochter starben, als das Auto einen Abhang hinunterstürzte.

An dem Tag, als der Missionar ihn traf, war er von Schmerz und Einsamkeit so übermannt, dass er sich das Leben nehmen wollte. Der Missionar redet lange mit ihm und zeigte ihm Stellen aus der Bibel. Er ermutigte ihn, auf Jesus Christus zu schauen, der seinen Nöten begegnen konnte. Und der Mann öffnete sein Herz. Schließlich beteten sie gemeinsam, und er vertraute Jesus sein Leben an.

Nun wusste der Missionar, warum er ein so starkes Drängen verspürt hatte, wieder zu diesem Park zurückzukehren. Aber woher hatte der Mann seinen Namen gewusst? Der Mann schaute ihn seltsam an: „Wieso, erinnern Sie sich denn nicht?", fing er an. „Wir haben uns doch heute Morgen weiter unten im Park unterhalten." „Aber ich war heute Morgen weit weg von hier", entgegnete der Missionar. „Nein, Sie müssen es gewesen sein. Sie sahen genauso aus wie jetzt, nur dass Sie ein anderes Hemd trugen. Und Sie sagten mir, ich solle zum höher gelegenen Teil des Parks kommen und dort auf Sie warten."

Der Missionar versicherte dem Mann, dass er es ganz und gar nicht gewesen sein konnte, und erzählte ihm, wo er sich um diese Uhrzeit aufgehalten hatte. Darauf schaute der Mann ihn an und fragte: „Wie kommen Sie denn dann hierher?"

Allmählich wurde ihnen klar, dass der Mann am Morgen einen Engel getroffen haben musste. Er sollte den Mann an seinem selbstzerstörerischen Plan hindern, bis er einen Menschen treffen konnte, der ihn zu Christus führen würde.

Der Missionar war betroffen, als er erkennen musste, dass der Engel geschickt worden war, um den Mann von seinem Vorhaben abzuhalten, aber nicht, um ihn zu Jesus Christus zu führen.

Ist es nicht erstaunlich, dass der Engel diese Aufgabe nicht erfüllen konnte? Gott hat die Botschaft der Versöhnung den Menschen anvertraut.

Wer ist ein Missionar? Jeder, der den Auftrag hat, einen Menschen zu Christus zu führen, ist ein Missionar. Sie werden zur

Missionarin, weil auch Sie die „Mission“ haben, die Botschaft von der Erlösung weiterzugeben. Jeder Christ ist beauftragt, der Welt zu sagen, wer Jesus ist. Alle Menschen sollen erfahren, welche Rettung und Zuflucht Gott ihnen anbietet!

Das ist das größte Werk, das wir tun können – mit höchstem Ewigkeitswert! Es gibt kein größeres Geschenk, das wir den Menschen machen könnten, mit denen wir leben, an deren Seite wir arbeiten oder die wir auf der Straße treffen.

Paulus hat diesen erstaunlichen Auftrag beschrieben: „So sind wir nun Botschafter an Christi statt, denn Gott ermahnt durch uns; so bitten wir nun an Christi statt: Lasst euch versöhnen mit Gott!“ (2. Korinther 5,20). Kein Tag sollte vergehen, an dem uns nicht bewusst ist, dass Gott uns die Vollmacht ausgestellt hat, an seiner Stelle seinen Ruf in die Welt zu tragen. Kein Engel erledigt das für uns.

Bitten Sie Gott heute, dass er Ihre Liebe zu den Menschen, die Christus noch nicht kennen, stärkt. Diese Liebe kann die Ewigkeit vieler Menschen verändern – und Ihnen selbst reiche Belohnung bringen. Jesus machte seinen Jüngern deutlich: „Wer erntet, erhält schon jetzt seinen Lohn und sammelt Frucht für das ewige Leben, damit sich beide miteinander freuen – der, der gesät hat, und der, der erntet“ (Johannes 4,36).

Ich bin immer wieder überwältigt, dass Gott uns erwählt hat. Er legte seinen wertvollsten Schatz in uns hinein – die Botschaft der Erlösung. Wem können wir sie weitersagen?

Zum Leben

Wer in meiner Familie, meiner Nachbarschaft oder unter meinen Kollegen wartet vielleicht nur darauf, dass ich ihm vom Glauben erzähle? Habe ich mit Jesus Christus Erfahrungen gemacht, die für diesen Menschen besonders interessant sein könnten?

Zum Beten

Jesus Christus, auch mir hast du die Botschaft der Erlösung anvertraut. Zünde in mir die Liebe zu den Menschen an, die dich noch nicht kennen. Schenke mir Sensibilität, um auf deine Impulse zu achten – auch dann, wenn sie meinen Alltag durcheinander wirbeln. Und gib mir Mut, den Mund aufzumachen, um die besten Worte weiterzusagen, die es gibt!

Zum Weiterlesen

1. Tag: Ich möchte mich Gott zur Verfügung stellen.
Jesaja 6,8

2. Tag: Ich möchte auf Gottes Impulse achten.
Apostelgeschichte 16,6-10

3. Tag: Ich möchte ein Sprachrohr für Jesus sein.
Lukas 10,16

4. Tag: Ich möchte tun, was Jesus mir sagt.
Matthäus 28,16-20

5. Tag: Ich möchte Gottes Kraft hinter mir haben.
Apostelgeschichte 1,8

6. Tag: Ich möchte, dass mein Herz für die Menschen brennt, die Jesus noch nicht kennen.
2. Korinther 5,14-20

Er heilt, die zerbrochenen Herzens sind,
und verbindet ihre Wunden.
Psalm 147,3

Weil meine Seele Heilung sucht

Beth Moore

Ich wurde als Kind missbraucht. So oft, dass ich es gar nicht zählen möchte. Wenn mich die unzähligen „Warum"-Fragen quälen, versuche ich, in der Bibel möglichst viele Antworten darauf zu finden.

Wer ist der Verursacher des Missbrauchs? Wenn wir wissen wollen, ob Gott oder Satan der Verursacher einer Schwierigkeit ist, brauchen wir nur zu prüfen, ob Sünde mit im Spiel ist. Gott verleitet uns nie zur Sünde oder setzt sündiges Verhalten in Gang, um uns in das Bild seines Sohnes umzuwandeln. Die Bibel lehrt uns, dass einige Schwierigkeiten von Gott dazu verwendet werden, uns wachsen und reifen zu lassen. Doch Kindesmissbrauch gehört nicht dazu.

Ich weiß ohne Zweifel, dass Satan der Verursacher des Missbrauchs in meiner Kindheit war, denn es war eine abscheuliche Sünde im Spiel, und das Resultat war Scham. Scham ist der „Stempel", den Satan auf den Dingen hinterlässt, die er billigt.

Warum lässt Gott das zu? Gott kann nicht der Verursacher dieser Erlebnisse gewesen sein, aber offensichtlich hat er sie zugelassen. Warum? Vielleicht hatte er einige Gründe, die ich heute noch nicht verstehe. Bis diese Lücken gefüllt sind, weiß ich Folgendes:

1. Er wusste, dass ich ihn unermüdlich suchen würde, um Heilung zu erfahren. Bei dieser Heilung würde ich ihn, meinen Heiler, kennen lernen.
2. Er wusste, dass das Wunder meiner Wiederherstellung und Nachfolge seinem Namen Ehre machen würde.
3. Er wusste, dass ich Mitgefühl für Menschen haben würde, die in ihrer Kindheit verletzt worden waren.
4. Er wusste, dass das Verbrechen des Kindesmissbrauchs in dieser Generation „aus der dunklen Ecke“ herauskommen würde, und er suchte Christen, um Sprecher für sein Wort zu sein.

Wie finden wir Heilung? Wir werden nie frei sein, bis wir von Herzen glauben, dass Gott aus alledem etwas machen kann. Gott hat uns versprochen, dass er etwas Gutes aus dem herauskommen lässt, was wir erleben, solange wir ihn lieben und ihm erlauben, es für seine Ziele zu gebrauchen (Römer 8,28).

Ich möchte Sie ermutigen, ihm Ihren Schmerz völlig hinzulegen und nichts zurückzuhalten. Laden Sie ihn ein, Wunder aus ihren Wunden zu machen. Ich habe begriffen, wie viel ich Jesus bedeutet habe, als ich ein Kind war, und wie sehr er verachtet, was mir angetan wurde. Die Bibel ist der stärkste Verband, den Gott benutzt, um unsere zerbrochenen Herzen zu verbinden. Ich glaube, dass diejenigen, die Opfer eines Missbrauchs wurden, selten augenblickliche Heilung erfahren. Meist werden sie Stück für Stück durch die Beschäftigung mit der Bibel und die Anwendung der Wahrheit geheilt. Jesus rächt den Missbrauch und die Gewalt, die Kindern angetan wurden (Matthäus 18,6). Gott hasst den Missbrauch.

Meinem Peiniger zu vergeben, bedeutete nicht, so zu tun, als ob diese Dinge nicht geschehen wären. Doch Vergebung bedeutete, die Verantwortung für die Gerechtigkeit an Gott abzugeben.

Satan versucht mit aller Gewalt, Menschen davon abzuhalten, Jesus als ihren Retter anzunehmen. Kindesmissbrauch ist eine effektive Abschreckung, denn viele Opfer fühlen, dass sie nicht

„an einen Gott glauben können, der so etwas zugelassen hat". Wenn sie wüssten, wie besorgt der himmlische Vater darum ist, sie zu heilen und ihnen Recht zu sprechen!

Ein Liebesbrief von Gott. Gott hat alles gesehen, was uns angetan wurde, und er liebt uns.

Wenn Sie möchten, können Sie bei den folgenden Worten Ihren Namen in die Lücken eintragen und sie von ganzem Herzen auf sich beziehen:

„Mein liebes Kind, __________, ich habe dich geliebt, bevor du geboren wurdest. Ich habe dich im Leib deiner Mutter geformt und weiß, wie deine ersten und letzten Worte lauten. Ich weiß von jeder Schwierigkeit, mit der du, __________, kämpfen musstest. Ich habe bei jeder von ihnen mit dir mitgelitten, sogar zu der Zeit, als du mich noch nicht kanntest. Ich hatte schon einen Plan für dein Leben, bevor du auf die Welt kamst. Dieser Plan hat sich nicht verändert, __________, egal, was an dir geschehen ist oder was du getan hast. Ich würde nie eine Verletzung in deinem Leben zulassen, aus der ich nicht etwas für die Ewigkeit herausziehen könnte, __________. Willst du mir erlauben, das zu tun? Die Wahrheit deines Lebens ist unvollständig, bis du sie aus der Perspektive meiner Wahrheit gesehen hast. Deine Geschichte, __________, wird immer nur halb fertig sein, bis du mir erlaubst, das Fehlende zu ergänzen. Lass mich das zum Abschluss bringen, was dich jetzt beschäftigt.

Ich verbleibe in Liebe,
dein vertrauenswürdiger Vater

Zum Leben

Traue ich Gott zu, mein zerbrochenes Herz zu verbinden? Möchte ich ihm vertrauensvoll erlauben, mein Leben für seine Ziele zu gebrauchen?

____

____

____

____

____

Zum Beten

Danke, Vater, dass du voll und ganz vertrauenswürdig bist – auch wenn ich dich nicht verstehe. Danke, dass deine Liebe mein Herz erreichen will – auch wenn ich das Gefühl habe, durch eine finstere Schlucht zu gehen. Hilf mir, dir zu vertrauen, dass du meine Wunden verbinden und mein zerbrochenes Herz heilen willst.

Zum Weiterlesen

1. Tag: Hört Gott mich, wenn ich vor Schmerzen schreie?
Psalm 34,16-19
2. Tag: Kann ich wirklich Heilung erfahren?
Jesaja 61,1-3
3. Tag: Wie steht Gott zu dem Unrecht, das mir angetan wurde?
Psalm 103,6
4. Tag: Hat Gott mir das Böse geschickt?
Jakobus 1,16-17
5. Tag: Kann mein Schmerz für andere fruchtbar werden?
2. Korinther 1,3-4
6. Tag: Werden meine Fragen einmal Antwort finden?
Johannes 16,22-23

Wisst ihr nicht, dass euer Leib ein Tempel des heiligen Geistes ist ...? Gott hat euch seinen Geist gegeben, und ihr gehört nicht mehr euch selbst ... Macht ihm also Ehre an eurem Leib!

1. Korinther 6,19-20 (GN)

Die drei Säulen der Gesundheit

Susanne Reininghaus

Nach meiner Jugendzeit, die sportlich geprägt war von Leichtathletik, Schwimmen, Kunstturnen und Jazztanz, erlebte ich nach zwei schnell aufeinander folgenden Schwangerschaften einen kompletten Einbruch meiner körperlichen und seelischen Fitness. Dazu kam, dass sich mein Stoffwechsel verlangsamte. Obwohl ich mich genauso ernährte wie vorher, nahm ich kontinuierlich an Gewicht zu. Voller Motivation probierte ich eine Diät nach der anderen aus, erlebte aber immer wieder den berühmten Jo-Jo-Effekt: Einige Zeit nach Ende einer Diät hatte ich jedes Mal die wenigen, mühsam verlorenen Kilos wieder drauf – und noch mehr dazu. Mein Frust wuchs mit meinem Körperumfang! Hin und wieder bekam ich auch Kommentare über meine Figur zu hören. Keiner glaubte mir, dass ich mich an verordnete Essenspläne hielt. Eines Tages jedoch erlebte ich einen ersten Durchbruch, als unser Pastor zu mir sagte: „Susanne, du weißt, dass Gott dich nicht nach deinem Gewicht bewertet. Und deine Essgewohnheiten scheinen mir so weit in

Ordnung zu sein." Er hatte Recht: „Ein Mensch sieht, was vor Augen ist, der Herr aber sieht das Herz an" (1. Samuel 16,7)!

Vor Gott brauchte ich mich meines Übergewichtes also nicht zu schämen. Was aber würde er zu den unzähligen Diäten sagen, mit denen ich in letzter Zeit meinen Körper geplagt hatte? Ich beschloss, von nun an meine Lebensgewohnheiten genauer unter die Lupe zu nehmen. Dabei lernte ich, dass es vor allem drei Säulen sind, auf denen unsere körperliche Gesundheit ruht, nämlich Ernährung, Bewegung und Ruhe.

Ernährung. Essen Sie gesund? Wenn nicht, muten Sie Ihrem Körper ein chemisches Ungleichgewicht zu, das sich negativ auf Ihre Gesundheit, Ihren Energiehaushalt und Ihre Stimmung auswirken kann! Die Nahrung der meisten Menschen besteht heute zu 73 Prozent aus Fett, Zucker und weißem Mehl. Dabei sollten wir, um unsere Gesundheit zu fördern, besonders viel Obst und Gemüse zu uns nehmen. Fünf bis neun Portionen (möglichst aus biologischem Anbau, roh, reif, frisch) wären für die gesunde Ernährung ideal. Wussten Sie, dass Gott schon auf den ersten Seiten der Bibel einen „Ernährungstipp" für uns bereithält? „Sehet da, ich habe euch gegeben alle Pflanzen, die Samen bringen, auf der ganzen Erde, und alle Bäume mit Früchten, die Samen bringen, zu eurer Speise" (1. Mose 1,29).

Weitere Bestandteile einer gesunden Ernährung sind vollwertige Kohlenhydrate, viel Flüssigkeit (zwei bis drei Liter Wasser pro Tag) und eventuell hochwertige Nahrungsergänzungen. Seit ich vorwiegend so esse, fühle ich mich leichter und habe mehr Elan. Eine solche Ernährung wird heute auch von den meisten Ärzten empfohlen.

Bewegung. Gott hat Ihren Körper nicht fürs ständige Sitzen geschaffen! Schon ein kurzer Spaziergang jeden Tag wird Ihre Fitness beachtlich steigern. Durch zu wenig Bewegung werden Zivilisationskrankheiten wie Herz-Kreislauf-Störungen, Verdauungsbeschwerden, Stoffwechselstörungen (Diabetes), Übergewicht und vieles mehr gefördert.

Regelmäßiges Training hingegen führt zu mehr Kraft, Ausdauer, Beweglichkeit, Koordination und Entspannung. Wandern, Schwimmen, Radfahren und Fitness mit Musik eignen sich besonders gut, um Gewicht zu verlieren.

Zusammen mit Freundinnen macht Bewegung gleich doppelt Spaß. Die Freude am Sport ist wichtig, um über lange Zeit dranzubleiben, denn Bewegung sollte zu einem Lebensstil werden. Seit ich regelmäßig „Walking“ mache und Gymnastik treibe, fühle ich mich viel lebendiger. Mein Motto lautet: „Fitness hat nichts mit Leistung zu tun, sondern mit dem inneren und äußeren Wohlbefinden.“

Ruhe. Gute acht Stunden sind nötig, um die drei Schlafzyklen zu durchlaufen, die Sie für die Regeneration Ihres Körpers brauchen. In der heutigen hektischen Zeit nehmen sich viele Menschen jedoch keine Zeit mehr für genügend Ruhe, Entspannung und Schlaf. Das fordert seinen Tribut. Die Praxen der Ärzte und Psychologen sind voll von gestressten, ausgebrannten Menschen, die über Schlaflosigkeit und Depressionen klagen. Es ist erwiesen, dass Depressionen und zu wenig Schlaf den Stoffwechsel einschränken können. Das wiederum bedeutet, dass mehr Fett in den Fettzellen abgelagert wird und das Gewicht steigt.

Vor allem aber ist eine enge Beziehung zu Gott entscheidend, um zur Ruhe zu kommen und mit den täglichen Anforderungen des Lebens fertig zu werden. Deshalb lautet mein Lieblings-Bibelvers: „Kommt her zu mir, alle, die ihr mühselig und beladen seid; ich will euch erquicken“ (Matthäus 11,28).

Zum Leben

Betrachte ich meinen Körper als ein wertvolles Geschenk Gottes oder als etwas Unästhetisches, für das ich mich schämen muss? Wie kann ich ihn mit so viel Liebe und Sorgfalt behandeln, wie es dem „Tempel des heiligen Geistes" gebührt?

Zum Beten

Ich will es endlich ernst nehmen, Vater: Mein Körper ist ein „Tempel des Heiligen Geistes"! Hilf mir, mich mit deinen Augen zu sehen. Und bitte mach mir klar, wo ich an meinem Lebensstil etwas ändern soll, um deinen „Tempel" zu pflegen und schön zu erhalten.

Zum Weiterlesen

1.Tag: Wie kann ich das Essen genießen? *Prediger 2,24-25*

2. Tag: Wo setzt Gott mir Grenzen, damit ich meinen Körper nicht misshandle? *1. Korinther 6,12-13*

3. Tag: Von welchem Vorbild kann ich mir abgucken, dass eine gewisse Fitness zum Leben gehört? *Johannes 4,1-6*

4. Tag: Was hilft mir, nachts gut zu schlafen? *Psalm 4,9*

5. Tag: Von wem kann ich lernen, mich auch dann zu entspannen, wenn in meinem Leben heftige Stürme toben? *Matthäus 8,23-26*

6. Tag: Woher weiß ich, dass mein Körper nicht unästhetisch ist? *Hoheslied 4,1-7*

Für alles auf der Welt hat Gott schon vorher die rechte Zeit bestimmt.
Prediger 3,11 (Hfa)

Stress, lass nach!

Gerdi Stoll

Sehnen Sie sich danach, dass Ihre erschöpfte Seele einmal aufatmen und sich erholen kann? Ist bei Ihnen Stress zum Dauerzustand geworden? Fühlen Sie sich am Rande eines Burnouts (Ausgebranntsein)?

Unser Körper ist mit einem fein ausgedachten Verteidigungssystem ausgestattet. In herausfordernden oder bedrohlichen Situationen schüttet er ein Übermaß an Adrenalin aus: Dadurch wird unsere Kampfbereitschaft aktiviert, sodass wir uns mit vermehrten Kräften einer schwierigen Situation stellen können. Hört der Druck jedoch nicht auf, werden die Stresshormone zu einer lebenszerstörenden Kraft. Körper und Seele geraten aus dem Gleichgewicht und reagieren zum Beispiel mit Müdigkeit, Migräne, Magenbeschwerden oder Depression.

Warum fühlen wir uns heute eigentlich so schnell überfordert? Mehrere Faktoren wirken zusammen: In unserer Gesellschaft eröffnen uns Wohlstand und Freiheit ungeahnte Welten, rund um die Uhr ist etwas los. Unsere Anspruchshaltung ist gewachsen. Kurztrips oder Wochenendflüge gehören für viele schon zur normalen Freizeitgestaltung.

Zum „Freizeitstress“ kommt unsere hoch technisierte Welt, die uns zwar vieles erleichtert, aber uns gleichzeitig auch „seelisch überfordert" (C.F. v. Weizsäcker). Perfektionismus und Zwänge werden gefördert; sie können besonders Menschen, die gewissenhaft und sensibel sind, an den Rand der Erschöpfung bringen.

Gleichzeitig nehmen im Privatleben Einsamkeit und gestörte Beziehungen zu und bringen viel Not ins Alleinsein, in Ehe und Familie. Uns ist entspannte Zeit füreinander verloren gegangen – gerade das, was unser ganzes Immunsystem stabilisieren und unsere Seele befreien würde. Lebensschützende Traditionen und menschliche Grundwerte werden abgebaut. Wir erfahren, dass uns die Mitte weithin verloren gegangen ist.

Um dem entgegenzuwirken, brauchen wir einen ausgewogenen Lebensstil. Jesus selbst gönnte seinen Jüngern nach langen, vollgepackten Tagen eine Zeit der Ruhe (zum Beispiel Markus 6,31). Nach großer Anspannung ist ein Ausgleich nötig. Wir brauchen eine Balance zwischen Arbeit, Beziehungen und Zeit für uns (Ruhe, Hobbys).

Drosseln Sie Ihr Lebenstempo! Ein japanischer Zeitgenosse hat den Anfang des 23. Psalms so umgeschrieben: „Der Herr gibt mir das Arbeitstempo an."

Pflegen Sie Ihren Terminkalender! Es kann für uns Frauen sehr hilfreich sein, unsere vielfältigen Aufgaben zu ordnen und zu planen. Zu unseren Terminen gehören auch die Zeiten mit unserer Familie oder der Einkaufsbummel. Lassen Sie immer Raum für Überraschungen! Ich bin weniger gestresst, wenn ich nicht das Gefühl habe, von außen beherrscht zu sein, sondern meine Planung selbst in der Hand habe. Außerdem schützt mich Terminplanung vor Zeiträubern wie übermäßigem Fernsehkonsum oder endlosen Telefongesprächen.

Leben Sie einfach! Wenn zum Beispiel Gäste kommen, erfordert eine einfache Mahlzeit auf einem nett dekorierten Tisch verhältnismäßig wenig Zeitaufwand, dafür haben Sie mehr Kraft für die Gäste.

Sprechen Sie Ihre Gefühle aus! Gott will uns zu mehr Offenheit und Ehrlichkeit befreien, damit wir lernen, unsere Empfindungen angemessen voreinander auszusprechen, anstatt sie runterzuschlucken. Wer seine Gefühle ständig unterdrückt, stresst sich selbst.

Gestehen Sie Ihrem Körper geordnete Abläufe zu! Ausreichender Schlaf, Bewegung, gemeinsame Tischmahlzeiten – all das baut Stress ab. Der hektische Fast-Food-Trend unserer Zeit, wo jeder isst, was und wann er will, macht auf Dauer krank.

Achten Sie Gottes lebensspendende Ordnung! Ist für uns der Sonntag noch ein besonderer Tag? „Die Seele eines Menschen stirbt, wenn sein Sonntag stirbt" (Hans von Keler). Wie gestalten wir diesen Ruhetag als Alleinstehende und auch in unseren Familien?

Nehmen Sie sich Zeit für Gott! Das Allerwichtigste: Halten Sie Zeit für Gott frei. Er überfordert uns nicht, sondern will uns helfen, unser Leben in eine Balance zu bringen. Eine junge Mutter sagte es so: „Wenn ich nicht vor Gott zur Ruhe komme, geht es mir so, als ob ich in einem Boot ohne Steuerruder sitze. Anstatt einem Kurs zu folgen, werde ich von Wind und Wellen hin und her getrieben."

Gerade in schwierigen Zeiten dürfen wir wissen, dass Gott sich besonders um uns kümmert, dass er uns trösten und stärken will. Daraus erwächst Kraft, die Flügel nicht hängen zu lassen und für Wesentliches belastbar zu sein.

Gott möchte uns helfen, unsere Zeit weise einzuteilen und immer wieder der Einladung zu folgen: „Kommt her zu mir, alle, die ihr mühselig und beladen seid; ich will euch erquicken" (Matthäus 11,28).

Zum Leben

Fühle ich mich ständig gestresst, oder habe ich entdeckt, was meinem Körper und meiner Seele wohl tut? Was kann ich in dieser Woche tun, um mir die nötigen Ruhepausen zu verschaffen? Könnte das zu einer guten Gewohnheit werden?

Zum Beten

Danke, Jesus, dass du mir keinen Druck machst – du lädst mich einfach ein, bei dir auszuruhen und neue Kraft zu schöpfen. Du siehst auch, wo ich die Neigung habe, mich selbst zu überfordern und im Alltag wund zu reiben. Bitte gib mir den Mut, unangemessenen Ansprüchen ein Nein entgegenzusetzen, und hilf mir, mein Leben in Balance zu halten.

Zum Weiterlesen

1. Tag: Ich darf mich entspannen.
Psalm 23,1-3a

2. Tag: Ich kann in stressigen Zeiten bei Gott auftanken.
1. Samuel 30,1-6

3. Tag: Ich brauche nicht durchs Leben hetzen.
Psalm 31,15-16a

4. Tag: Ich kann darauf vertrauen, dass Gott nichts aus den Händen gleitet.
Psalm 95,1-7

5. Tag: Ich kann einen einfachen Lebensstil wählen.
Sprüche 15,16-17

6. Tag: Ich kann mir Zeit nehmen für Gott.
Markus 1,35

Gebt nur Gott und seiner Sache
den ersten Platz in eurem Leben,
so wird er euch auch alles geben,
was ihr nötig habt.
Matthäus 6,33 (Hfa)

Prioritäten setzen – aber wie?

ELISABETH MITTELSTÄDT

Es gibt so viel zu tun. Am liebsten würden wir alles gleichzeitig erledigen! So viele wichtige Entscheidungen sind zu treffen. Wo sollen wir nur anfangen?

Da heißt es „Prioritäten setzen"! Wenn wir die entscheidenden Dinge an die erste Stelle setzen, ist es leichter, alles unter einen Hut zu bekommen – wie die folgende kleine Geschichte zeigt:

Ein Professor wollte seinen Studenten einen wichtigen Grundsatz verdeutlichen. Er zog ein großes Vorratsglas hervor und stellte es vor sich auf den Tisch. Dann nahm er ein Dutzend Steine von der Größe eines Apfels und legte sie sorgfältig einen nach dem anderen hinein.

Als das Glas bis zum Rand gefüllt war und kein Stein mehr hineinpasste, fragte er: „Ist dieses Glas voll?" Alle im Raum nickten: „Ja." „Wirklich?", hakte er nach. Er beugte sich unter den Tisch und brachte einen kleinen Eimer Kies zum Vorschein. Dann häufte er etwas Kies auf die Steine und rüttelte das Glas, bis sich die Kieselsteine in die Ritzen zwischen die großen Steine gesetzt hatten. Wieder fragte er die Gruppe: „Ist das Glas voll?" Inzwischen konnten die Seminarteilnehmer ihm folgen: „Wahrscheinlich nicht", antwortete einer. „Gut!", meinte der Professor und holte ein Eimerchen Sand hervor. Er ließ Sand in das Glas rieseln, bis alle Ritzen zwischen den Steinen und dem Kies ausgefüllt waren. Erneut stellte er die Frage: „Ist das Glas voll?“ Zum Schluss nahm er eine Karaffe und ließ langsam Wasser in das Glas sickern, bis es randvoll war. Nun blickte er sich unter den Studenten um und fragte: „Was lernen wir daraus?“

Ein Student meinte: „Egal, wie voll unser Terminkalender ist, wenn wir uns wirklich bemühen, können wir noch einige Sachen dazwischenquetschen.“ „Nein“, entgegnete der Professor, „das ist nicht der Punkt. Sondern: Wenn wir die dicken Steine nicht zuerst angehen, werden wir nie alles unterbringen können!“

Der Professor hat Recht! Sie können seine Worte praktisch umsetzen, indem Sie beispielsweise eine Liste mit all Ihren Aufgaben und Terminen schreiben. Bewegen Sie diese Dinge im Gebet und ordnen Sie sie dann nach ihrer Wichtigkeit. Und fangen Sie immer mit dem Allerwichtigsten an – mit Gott: „Gebt Gott und seiner Sache den ersten Platz in eurem Leben, so wird er euch auch alles geben, was ihr nötig habt“ (Matthäus 6,33). Mit ihm können Sie regelmäßig Ihre Prioritäten besprechen. Er ist kompetent und absolut vertrauenswürdig. Und er sehnt sich danach, mit uns im Gespräch zu sein. Schauen Sie doch mal auf den ersten Seiten der Bibel nach! Direkt nach der Erschaffung des Menschen sucht Gott die Gemeinschaft mit ihm. „Am Abend, als ein frischer Wind aufkam“, hörten Adam und Eva, „wie Gott, der Herr, im Garten umherging“ (1. Mose 3,8). Der Herrscher des Universums verbarrikadierte sich nicht hinter verschlossenen Türen. Er schickte auch nicht seine „Angestellten“ vor, die Engel, um sich seine Geschöpfe vom Hals zu halten. Im Gegenteil, er ergriff die Initiative, um sie aufzusuchen und Gemeinschaft mit ihnen zu haben. Und er tut es immer noch!

Eine erfüllte und regelmäßige Zeit mit Gott ist ein guter Weg, um seinem Wunsch nach Gemeinschaft mit uns nachzukommen. Stellen Sie sich einmal ein verliebtes Paar vor. Glauben Sie, die beiden müssten daran erinnert werden, Zeit miteinander zu verbringen? Jeder der beiden hat Sehnsucht danach, in einer innigen Beziehung zum anderen zu leben. Wenn die beiden durch Stürme des Lebens voneinander getrennt werden, versuchen sie von selbst, wieder zueinander zu finden. Nichts anderes hat es mit der „stillen Zeit“ auf sich: Wir verbringen Zeit mit Gott, um auf wunderbare Art seine Gegenwart, seinen Trost und seine Führung zu erfahren.

Im Laufe der Zeit werden wir merken, dass Gottes Gegenwart uns zu anderen Menschen macht: „Nun aber schauen wir alle mit aufgedecktem Angesicht die Herrlichkeit des Herrn wie in einem Spiegel, und wir werden verklärt in sein Bild von einer Herrlichkeit zur andern von dem Herrn, der der Geist ist“ (2. Korinther 3,18). In seiner Gegenwart werden wir verwandelt in sein Bild. In der Gegenwart dessen, der uns geschaffen hat, um eine Beziehung zu ihm zu haben. In der Gegenwart dessen, der uns dazu ermutigt, aus der Begegnung mit ihm Kraft zu schöpfen und geistlich zu wachsen.

Gott hat so viel für uns getan. Unsere „Termine“ mit ihm verdienen höchste Priorität!

Es ist vergeblich,
sich gute Eigenschaften aneignen zu wollen,
ohne Demut zu leben,
denn der Geist Gottes hat Freude daran,
in den Herzen der Demütigen zu wohnen.

Zum Leben

Wie gut gelingt es mir im Alltag, die „dicken Steine" zuerst anzugehen? An welcher Stelle meiner Prioritätenliste steht die Gemeinschaft mit Gott?

____

____

____

____

____

Zum Beten

Lieber Herr, ich wünsche mir sehr, dass du auch mitten im Alltag den ersten Platz in meinem Leben einnimmst – und den ersten Platz in meinem Terminkalender. Gib mir Weisheit, meine Prioritäten zu ordnen und das Wichtigste zuerst zu tun. Danke, dass dann auch alles andere an den richtigen Platz rücken wird!

Zum Weiterlesen

1\. Tag: Was von dem, was heute wichtig scheint, hat am Ende meines Lebens noch Bedeutung?
Psalm 90,10.12

2\. Tag: Was tue ich nur, weil andere es von mir erwarten?
1. Korinther 4,1-5

3\. Tag: Wie kann ich verantwortlich mit meiner Zeit umgehen?
Epheser 5,15-17

4\. Tag: Wie finde ich heraus, was Gott von mir möchte?
Jakobus 1,5

5\. Tag: Weiß Gott überhaupt, wie es ist, einen voll gestopften Terminkalender zu haben?
Markus 6,30-34

6\. Tag: Kann ich meine Arbeit überhaupt schaffen, wenn ich zuerst Zeit für die Stille reserviere?
Psalm 127,1-2

Seid nicht hinter dem Geld her, sondern zufrieden mit dem, was ihr habt. Denn Gott hat uns versprochen: „Niemals werde ich euch verlassen. Ich werde für euch sorgen, dass es euch an nichts fehlt!“

Hebräer 13,5 (Hfa)

Der Weg zu finanzieller Freiheit

Claudia und Eberhard Mühlan

Geld – dieses eine Wort ist mit mehr Macht, mehr Emotionen, mehr Symbolkraft und mehr Mythos verbunden als die meisten anderen Wörter der deutschen Sprache. Seelsorger berichten, dass „das liebe Geld“ einer der Hauptgründe für persönliche Probleme ist.

So „lieb“ ist das Geld also gar nicht. Es hat die Eigenart, sich ständig zu verflüchtigen und gerade dann nicht da zu sein, wenn man es dringend braucht. Vor allem kann es den Haussegen erschüttern: Die Ehefrau verplempert in den Augen ihres Mannes das Haushaltsgeld; er macht Anschaffungen, ohne sich mit ihr abzusprechen. Die Kinder wollen ständig neue Kleider und fordern Taschengelderhöhungen. Wer jetzt den Überblick verliert und mehr ausgibt, als er einnimmt, gerät schnell in die Schuldenfalle. Das ist Konfliktstoff erster Klasse!

Finanzielle Freiheit erlangen. Dabei müsste beim sorgfältigen Durchdenken der persönlichen Situation und in einem offenen Gespräch doch eine Lösung für die Familienfinanzen zu finden sein ... Außerdem lohnt sich ein Blick in die Bibel. Sie enthält unzählige Textstellen, die sich direkt auf den Umgang mit Geld beziehen. Es ist ein spannendes Abenteuer, diese Verse mit Hilfe einer Konkordanz aufzuspüren und Gottes Prinzipien für ein Leben in finanzieller Freiheit umzusetzen.

„Finanzielle Freiheit" bedeutet übrigens nicht, Geld in Hülle und Fülle zu haben, sondern von Sorgen und Streit wegen längst fälliger Rechnungen befreit zu sein. Außerdem gehört ein reines Gewissen gegenüber Gott und anderen Menschen dazu. Vor allem aber die absolute Gewissheit, dass Gott unsere persönlichen Finanzen in seiner Hand hat. Er verspricht uns: „Niemals werde ich euch verlassen. Ich werde für euch sorgen, dass es euch an nichts fehlt!" (Hebräer 13,5).

Gottes Großzügigkeit erwidern. Gottes klare Aufforderung an uns ist, ihm einen Teil unseres Einkommens zur Verfügung zu stellen. „Bringt den zehnten Teil eurer Ernte in vollem Umfang zu meinem Tempel, damit in den Vorratsräumen kein Mangel herrscht!" (Maleachi 3,10). Gerade, wenn das Geld knapp ist, kommt allzu schnell der Gedanke: „Das können wir uns jetzt aber nicht leisten ..."

In Wirklichkeit können wir es uns aber nicht leisten, den „Zehnten" *nicht* zu geben, denn das würde bedeuten, zusätzlich zu unserem finanziellen Engpass auch noch Gottes „Schleusen" zu verschließen. Der Vers in Maleachi 3 geht nämlich noch weiter. Gott möchte unseren Gehorsam belohnen: „Stellt mich doch auf die Probe und seht, ob ich meine Zusage halte! Denn ich verspreche euch, dass ich dann die Schleusen öffne und euch mit allem überreich beschenke."

Mit dem Segen Gottes ist nicht nur der Kontostand gemeint, sondern alles, was man sich unter einem gesegneten Leben vorstellen kann: Zufriedenheit, Lebensfreude, Familienzusammenhalt, Gesundheit ...

Sich in Genügsamkeit üben. Wenn Sie Gott in die Finanzverwaltung einbeziehen, werden sich Ihr Lebensstil und Ihre Haltung zu Sicherheiten wandeln. Der Apostel Paulus ist uns darin ein anspornendes Vorbild: „Schließlich habe ich gelernt, in allen Lebenslagen zurechtzukommen. Ob ich nun wenig oder viel habe, beides ist mir durchaus vertraut, und so kann ich mit beidem fertig werden: Ich kann satt sein und hungern; ich kann Mangel leiden und Überfluss haben. Das alles kann ich durch Christus, der mir Kraft und Stärke gibt“ (Philipper 4,11-13). Ein wahrhaft reifer Lebenswandel! Es ist tröstlich zu lesen, dass sogar Paulus das erst lernen musste.

Ausgaben vernünftig planen. Um den finanziellen Überblick zu behalten, ist es sinnvoll, über alle Ausgaben Buch zu führen. Außerdem ist es hilfreich, sich *vor* dem Geld-Ausgeben zu überlegen, was wirklich nötig ist und was nicht. Zum Beispiel könnte man zwischen „Grundbedürfnissen“, „persönlichen Ansprüchen“ und „Sonderwünschen“ unterscheiden. Unter „Grundbedürfnisse“ fallen Dinge, die man einfach haben *muss*, wie Lebensmittel, Kleider, eine Wohnung etc. Es hängt hingegen von unseren „persönlichen Ansprüchen“ ab, ob wir uns ein neues Auto leisten oder mit einem Gebrauchtwagen vorlieb nehmen – es geht hierbei also um *qualitative* Entscheidungen. „Sonderwünsche“ schließlich sind Dinge, die nur dann aus einem *Überschuss* finanziert werden können, wenn alle laufenden Verpflichtungen erledigt sind.

Das Geheimnis liegt darin, vernünftig zu haushalten und gleichzeitig auf Gottes Fürsorge zu vertrauen. So kommen wir der finanziellen Freiheit näher und dürfen selbst bei vorübergehenden Engpässen zuversichtlich sein.

Zum Leben

Kommt es vor, dass meine Gedanken vom Geld beherrscht werden? Wie leicht fällt es mir, mich in „schlechten Zeiten“ vertrauensvoll auf Gottes Fürsorge zu verlassen?

Zum Beten

Du sagst mir zu, Herr, dass es mir an nichts fehlen soll! Bitte hilf mir, meine Ausgaben vernünftig zu planen. Denn du willst mich in finanzielle Freiheit führen und mich lehren, nach biblischen Prinzipien mit meinem Geld umzugehen. Herr, wohin sollte ich heute etwas von meinem Geld geben?

Zum Weiterlesen

1. Tag: Gehört mein Besitz letztlich mir selbst?
Psalm 24,1

2. Tag: Welchen Lebensstil legt Gott mir nahe?
1. Timotheus 6,6-8

3. Tag: Was passiert, wenn Geld zum Götzen wird?
1. Timotheus 6,9-10

4. Tag: Was zeigt der Umgang mit Geld über meine inneren Einstellungen?
Lukas 16,10-13

5. Tag: Wo finde ich ein Beispiel für eine vernünftige Vorsorge?
Sprüche 31,21-25

6. Tag: Wie stellt Gott sich verantwortungsvolles Haushalten mit dem, was er mir anvertraut, vor?
Lukas 19,11-26

Ich, der allmächtige Gott, fordere euch nun auf: Bringt den zehnten Teil eurer Ernte in vollem Umfang zu meinem Tempel ... ich verspreche euch, dass ich dann die Schleusen des Himmels wieder öffne und euch mit allem überreich beschenke.

Maleachi 3,10 (Hfa)

Es lohnt sich!

Ingrid Krieger

Mein Verlobter und ich hatten so viele Träume. Ständig schmiedeten wir Pläne für die Zukunft. Bis eines Tages etwas Unvorhergesehenes passierte: Uns wurde klar, dass unser Weg zur Bibelschule führte.

Ebenso klar war, dass der Unterricht und die Unterbringung im Internat Geld kosten. Unsere Ersparnisse würden höchstens ein Jahr reichen. Also entschieden wir, dass mein Verlobter mit dem Studium beginnen und ich für die Finanzen sorgen würde.

Es kam aber anders: Nach seinem ersten Semester heirateten wir, und ich begann auch zu studieren. Wir konnten uns natürlich ausrechnen, dass das finanziell nicht funktionieren würde! Aber gute Freunde ermutigten uns, auf Gott zu vertrauen. Sie sagten, er würde für uns sorgen, wenn wir nur bereit wären, uns ganz auf ihn zu verlassen.

So gingen wir diesen Schritt, denn wir wussten, dass sich die Zuversicht unserer Freunde auf Gottes Wort gründete: „Seid nicht hinter dem Geld her, sondern zufrieden mit dem, was ihr habt. Denn Gott hat uns versprochen: ‚Niemals werde ich euch verlassen. Ich werde für euch sorgen, dass es euch an nichts fehlt!'" (Hebräer 13,5).

Diese Verheißung zu *kennen* war gut. Aber sich darauf zu *verlassen*, war eine andere Sache.

Im Vertrauen leben. Oft hatten wir nichts mehr im Portmonee. Einmal gaben wir unseren letzten Geldschein an einen Mitstudenten weiter, der dringend Geld benötigte. Der nächste Brief, den wir öffneten, enthielt eine Rechnung über Literatur, die wir bestellt hatten. Gerne hätten wir das Geld in diesem Moment wieder zurückgefordert, aber das haben wir uns nicht getraut. Uns kamen so manche Zweifel ...

Doch gerade in diesen Augenblicken der Unsicherheit wurde unser Glaube geschult. So lernten wir, uns in Geduld zu üben.

Und Gottes Antwort ließ nicht lange auf sich warten: Am nächsten Tag wurde uns ein Brief zugestellt, ohne Absender. Er enthielt den dreifachen Betrag, den wir für unsere Rechnung brauchten. Im Laufe der Zeit sollten wir noch einige Erfahrungen dieser Art machen!

Im Vertrauen geben. Heute ist unsere finanzielle Situation nicht mehr so „spannend", denn wir haben meistens unsere festen Einnahmen. Aber wir wissen: Alles, was wir für Gott investieren, ist sehr gut angelegt. Unsere heutige Gelassenheit in materiellen Dingen gründet auf den Erfahrungen, die wir damals mit Gottes Treue gemacht haben. Wir durften lernen, dass er sich als real erweist, wenn wir im Glauben an seine Verheißungen Schritte gehen. Die Verheißungen zu kennen und über sie zu reden, reicht nicht aus.

Deshalb können wir großzügig Missionaren und Missionswerken die Hände füllen, damit sie ihren Dienst für Gott ungehindert tun. Wer gibt, wird erleben, dass er nichts verliert, sondern nur gewinnt.

Denn das verspricht Gott in seinem Wort: „Ich, der allmächtige Gott, fordere euch nun auf: Bringt den zehnten Teil eurer Ernte in vollem Umfang zu meinem Tempel, damit in den Vorratsräumen kein Mangel herrscht! Stellt mich doch auf die Probe, und seht, ob ich meine Zusage halte! Denn ich verspreche euch, dass ich dann die Schleusen des Himmels wieder öffne und euch mit allem überreich beschenke“ (Maleachi 3,10).

Wir haben damals jene Erfahrungen mit unserem Gott gemacht, weil andere von dem abgegeben haben, was Gott ihnen geschenkt hatte. Heute stehen wir oft auf dieser Geberseite und erleben ganz praktisch, wie unser Herr uns überreich beschenkt. Nicht unbedingt mit materiellem Segen, aber mit Zufriedenheit und Geborgenheit. Wir wissen um eine sichere Zukunft, inmitten von Menschen, die sich ängstigen und die von ihrer Gier getrieben werden.

Geiz ist eben nicht geil, wie uns die Werbung einzuhämmern versucht. Geiz ist Sünde und zerstört die Zufriedenheit. Verantwortungsbewusst einkaufen und die Preise vergleichen ist gut. Aber wenn wir, nur um uns selbst zu bereichern, egoistisch die Gaben zusammenhalten, ist das nicht nach seinem Willen.

Im Vertrauen Zufriedenheit finden. Wir haben erfahren, dass Gott zuverlässig ist. Wenn Sie seine Verheißungen nicht nur lesen, sondern auch leben, werden Sie echte Zufriedenheit erleben. Vielleicht werden Sie vor Krankheiten, Unfällen oder anderen Dingen, die Ihnen zu schaffen machen, nicht verschont. Aber Sie wissen dann aus Erfahrung, dass Gott Sie tragen wird – durch alle Stürme hindurch.

Wenn wir geben, leben wir.

Zum Leben

Habe ich schon einmal bewusst erlebt, wie Gott die Sorge für mein finanzielles Wohl übernommen hat? Gebe ich regelmäßig von meinem Geld, um Gemeinden, Missionare oder christliche Werke zu unterstützen?

____

____

____

____

____

Zum Beten

Danke, Herr, deine Zusagen sind eindeutig: Wenn wir dir geben, was dir zusteht, wirst du uns mit Segen überschütten! Hilf mir, auch in mageren Zeiten darauf zu vertrauen. Und öffne nicht nur mein Herz, sondern auch mein Portmonee, damit ich von deinem Segen weitergebe.

Zum Weiterlesen

1. Tag: Kann materieller Reichtum glücklich machen?
Prediger 5,9-14

2. Tag: Wer ist wirklich reich?
Jakobus 2,1-5

3. Tag: Wie kann materieller Wohlstand gut eingesetzt werden?
Apostelgeschichte 20,33-35

4. Tag: Kommt es auf das Wenige, das ich geben kann, überhaupt an?
Markus 12,41-44

5. Tag: Wie kann ich finanzielle Sorgen überwinden?
Matthäus 6,31-34

6. Tag: Komme ich selbst zu kurz, wenn ich großzügig gebe?
2. Korinther 9,6-15

Achtet darauf ... dass nicht irgendeine Wurzel der Bitterkeit aufsprosse.
Hebräer 12,15

Wenn Freunde uns enttäuschen

Esther Bergen

Oft werden Nachrichten von schlimmen Ereignissen oder Schicksalsschlägen „Hiobs-Botschaften" genannt. Doch vor einigen Jahren schien es mir fast, als ob unsere Familie Hiob an Unglücksfällen noch übertraf. Zuerst erkrankte mein Ehemann schwer. Die schlimmen Symptome und zahlreichen Krankenhausaufenthalte versetzten uns wiederholt in einen körperlichen und emotionalen Schockzustand. Während wir uns durch diese Situation hindurchkämpften, zog sich unser 13-jähriger Sohn bei einer Gasexplosion schwere Verbrennungen zu. Ein Autounfall verursachte Totalschaden an unserem Volvo. Bei diesem Zusammenstoß blieb ich zwar körperlich unverletzt, erlitt aber einen seelischen Schock. Danach wurde ich von rätselhaften Erkrankungen heimgesucht, die mich befürchten ließen, ich könnte meinen Job verlieren.

Enttäuscht – ein bitterer Schmerz. Diese ganze Situation beanspruchte mich über meine Kräfte hinaus. Da ich sicher war, dass meine Familienangehörigen und Freunde zu mir standen, schüttete ich ihnen rückhaltlos mein Herz aus. Doch dann trafen mich das tiefste Leid und der größte Schreck: Als Reaktion kamen hässliche Anspielungen, lang verheimlichter Groll, gemeine Gerüchte und eine Liste von Kritik.

Es ist keine seltene Erfahrung, gerade von *den* Menschen bitterlich enttäuscht zu werden, die uns am nächsten stehen und die wir am meisten lieben.

Enttäuschungen – Stolpersteine oder Stufen zur Reife? Jeder hat in seinem Leben schon Enttäuschungen erlebt. Doch es kommt darauf an, wie wir mit ihnen umgehen. Bringen sie uns zum Stolpern oder lassen sie uns zur Reife gelangen? Beides ist möglich. Mit Gottes Hilfe habe ich gelernt, bittere Enttäuschungen in Schritte des persönlichen Wachstums umzuwandeln.

Enttäuscht – auch Jesus kannte das. Es hat mir sehr geholfen, meinen Kummer vor Gott auszuschütten. In meiner Verzweiflung wurde mir klar, dass Gott alles über die herzzerreißende Qual der Enttäuschung weiß. In der Bibel lese ich, dass er selbst diesen Kummer erfuhr. Jesus weinte über das Volk in Jerusalem. Als die Schriftgelehrten und Pharisäer sich verschworen, ihn zu töten, zeigten seine eigenen Brüder ihren Unglauben gegen ihn. Während seines heftigen Seelenkampfes im Garten Gethsemane schliefen seine besten Freunde ein.

Machen wir uns einmal bewusst, dass Judas ihn mit einem Kuss verriet! Und dann der Schmerz der Verlassenheit bei seiner Verhaftung, der Verurteilung und Kreuzigung! Gott teilte unser Menschsein und erfuhr am eigenen Leib den Schmerz der Enttäuschungen.

Enttäuscht – aber bereit zur Vergebung. In jener Zeit habe ich gelernt, die Begrenzungen des Menschseins anzunehmen – sowohl die eigenen wie die unserer Freunde. Ich musste akzeptieren, dass Heilung Zeit braucht. Entscheidend war auch, den Entschluss zu fassen, jedem zu vergeben, der mich verletzt hat.

Dan Hamilton schreibt in seinem Buch über Vergebung: „Wenn wir vergeben, dann entschuldigen wir nicht einfach das Unrecht oder geben vor, es habe sich nie zugetragen.“ Er schlägt folgende drei Schritte vor, um Vergebung zu gewähren:

1. Filtern Sie die Tatsachen heraus und betrachten Sie sie von außen. Erinnern Sie sich genau, was er oder sie getan oder gesagt hat.

2. Wenden Sie sich von negativen emotionalen Reaktionen wie festgehaltenem Ärger, Rachsucht oder Selbstmitleid ab. Dazu kann ein Gebet hilfreich sein, in dem wir unsere Gefühle in Gottes Licht stellen und sie ihm übergeben. Oft werden wir jedoch nicht in einem einzigen Moment damit fertig, sondern müssen den Entschluss jedes Mal wiederholen, wenn unsere Erinnerung oder der Anblick jener Person den Staub der negativen Gefühle neu aufwirbelt.

3. Halten Sie das Strafverfahren an. Es ist heilsam, zu einer Sicht wie dieser zu kommen: „Ich will mir nicht erlauben, den Schmerz wieder aufzuwärmen. Stattdessen will ich auf Versöhnung hinarbeiten." Die Anstrengung des Vergebens kann uns emotionale Energie kosten, die nur Gott sieht.

Enttäuscht – aber nicht entmutigt. Seit der schweren Enttäuschung in meinem Leben sind viele Jahre vergangen. Inzwischen kann ich erkennen, wieviele gute Auswirkungen mir durch sie zugekommen sind. Ich habe jetzt eine klarere Sicht von Gottes Liebe. Gott liebt nicht Idealgestalten, sondern echte Menschen. Trotz seiner Enttäuschung wandte Jesus sich nicht von den Menschen ab oder gab sich mit oberflächlichen Beziehungen zufrieden.

Wenn wir in der richtigen Art und Weise auf Enttäuschungen reagieren, werden sie nicht eine „Wurzel der Bitterkeit" treiben, sondern zu Gelegenheiten, so zu lieben, wie Jesus liebt. Sie werden zu einem vorbereiteten Boden, auf dem immer mehr von Gottes vergebender, heilender, befreiender und erneuernder Liebe erblühen kann.

Zum Leben

Haben sich bittere, enttäuschte oder anklagende Gefühlen in mir ausgebreitet? Welchen ersten Schritt kann ich heute gehen, um davon frei zu werden? Welcher Mensch könnte mir dabei zur Seite stehen?

Zum Beten

Jesus Christus, du weißt selbst, was Enttäuschung ist. Danke, dass du mich verstehst, wenn ich bei dir mein Herz ausschütte. Hilf mir bitte, so zu vergeben, wie du deinen Freunden vergeben hast.

Zum Weiterlesen

1. Tag: Versteht Jesus, dass es mir weh tut, wenn andere an mir schuldig werden? *Hebräer 2,14-18*
2. Tag: Wie hat Jesus reagiert, als er schmerzvolle Situationen durchstehen musste? *Lukas 23,32-34*
3. Tag: Kann ein Mensch sich so verhalten wie Jesus? *Apostelgeschichte 7,54-60*
4. Tag: Geht Gott davon aus, dass ich vergebe, wie Christus vergeben hat? *Epheser 4,31-32*
5. Tag: Wer kann mir helfen, wenn ich das Gefühl habe, ich kann nicht vergeben? *Hebräer 13,20-21*
6. Tag: Angenommen, ich vergebe jemandem, der gar nicht einsieht, dass er an mir schuldig geworden ist. Braucht er dann für seine Tat keine Verantwortung mehr zu übernehmen? *Römer 12,17-21*

Seid vielmehr freundlich und barmherzig,
immer bereit, einander zu vergeben,
so wie Gott euch durch Jesus Christus vergeben hat.
Epheser 4,32

Sind Sie ein Maultier?

JOSEPHINE RUIZ

Maultiere sind etwas ganz Besonderes! Seit etwa 3000 Jahren werden sie wegen ihrer hervorragenden Eigenschaften als Last- und Arbeitstiere gezüchtet. Sie sind ausdauernd im Tragen schwerer Lasten, können lange ohne Nahrung und Wasser aushalten und kommen gut mit extremen Temperaturen zurecht. Alles in allem die perfekten Nutztiere, oder? Schon fast ein bisschen zu perfekt – es drängt sich die Frage auf, ob die Sache einen Haken hat.

Und ob! Maultiere sind nachtragend. Sie sind sehr sensibel und haben ein prima Gedächtnis. Man sagt ihnen nach, dass sie es sich genau merken, wenn sie falsch behandelt wurden – um sich bei nächster Gelegenheit dafür zu rächen.

Sind Sie auch ein „Maultier"? Fällt es Ihnen schwer zu vergeben?

Im Laufe unseres Lebens werden wir immer wieder seelisch verletzt – aus Versehen oder mit Absicht. Manche Verletzungen sind wie oberflächliche Schrammen, die schnell verheilen. Es gibt aber auch tiefe Wunden, die länger schmerzen. Manche Erlebnisse sind fest in unserem Gedächtnis verankert und holen uns immer wieder ein. Unser ganzes Denken, Fühlen und Handeln wird dann von der Wut über die Ungerechtigkeit bestimmt, die uns widerfahren ist. Das kann unglaublich belastend sein.

Vergebung ist Gott sehr wichtig. Doch Gott möchte nicht, dass wir uns von den negativen Erfahrungen aus unserer Vergangenheit gefangen nehmen lassen. Er möchte, dass wir sie loslassen und frei davon werden. Er selbst ist die „Vergebung in Person". Wenn wir ihn darum bitten, wird er uns jede Sünde verzeihen. So sollten wir es auch mit unseren Mitmenschen halten – unabhängig davon, ob sie uns um Verzeihung bitten oder nicht. Nicht umsonst lehrt uns Jesus zu beten: „Und vergib uns unsere Schuld, wie auch wir vergeben unseren Schuldigern" (Matthäus 6,12).

Es ist nicht nur Gottes *Wunsch*, sondern eine ausdrückliche Aufforderung an seine Kinder, Vergebung zu üben. Ein paar Verse weiter heißt es: „Euer Vater im Himmel wird euch vergeben, wenn ihr den Menschen vergebt, die euch Unrecht getan haben. Wenn ihr ihnen aber nicht vergeben wollt, dann wird euch Gott eure Schuld auch nicht vergeben" (Matthäus 6,14-15).

Vergebung ist eine Willensentscheidung. Auch wenn es uns absolut unmöglich vorkommt – es geht. Mit Gottes Hilfe können wir vergeben, wir müssen es nur *wollen*. Fällt uns das schwer, können wir Gott bitten, auch unseren Willen zu lenken. Gott ist der beste Seelsorger, den man sich vorstellen kann! Unser Ärger und all unsere verletzten Gefühle sind bestens bei ihm aufgehoben. Wir können im Gebet zu ihm kommen und unser seelisches Wohlbefinden in seine guten Hände legen. Tun wir das nicht, lassen wir eine andere Person, die uns Schaden zugefügt hat, unser Gefühlsleben bestimmen!

Oft wäre es leichter, über eine Verletzung hinwegzusehen, sie einfach zu „schlucken". Damit begehen wir aber einen großen Fehler. Wir tun nur so, *als ob* wir vergeben würden. In Wirklichkeit sehen wir bloß weg. Wir schaden uns selbst, indem wir unsere Verletzung nicht ernst nehmen. Im ersten Moment scheint es vielleicht verlockend, den Weg des geringsten Widerstands zu gehen.

Aber im Nachhinein wird uns der Ärger einholen. Wir sind wütend, weil wir nicht richtig reagiert haben. Wir haben Gottes Einladung zur Seelsorge missachtet und zusätzlich demjenigen, der uns Schaden zugefügt hat, signalisiert, sein Verhalten wäre in Ordnung. Es ist dann, als hätten wir ihm erlaubt, uns weiterhin wehzutun. So zu tun, als wäre nichts gewesen, ist genauso falsch wie im Groll zu verharren!

Vergebung ist Übungssache. Vergebung ist etwas, das immer wieder trainiert werden muss. Dass sich Menschen gegenseitig verletzen, gehört zum Leben. Wenn uns jemand Schaden zufügt, ist es wichtig, *bewusst* damit umzugehen. Als Erstes müssen wir uns fragen, ob uns wirklich Unrecht getan wurde oder nicht. Manchmal ist es schließlich auch die Wahrheit, die uns verletzt.

Wenn jemand wirklich schuldig an uns geworden ist, sollten wir ihn bestimmt, aber freundlich in seine Schranken weisen. Auch wenn wir ihm nicht sofort wieder unser volles Vertrauen schenken können, so können wir ihm doch mit Gottes Hilfe sagen: „Ich vergebe dir."

Denken wir daran: Gott hat seinen eigenen geliebten Sohn geopfert – zur Vergebung meiner und Ihrer Sünden! Seien wir keine „Maultiere", schauen wir auf ihn: „Seid vielmehr freundlich und barmherzig, immer bereit, einander zu vergeben, so wie Gott euch durch Jesus Christus vergeben hat. Weil ihr Gottes geliebte Kinder seid, sollt ihr in allem seinem Vorbild folgen" (Epheser 4,32 - 5,1).

Zum Leben

Gibt es in meiner Seele Einträge unter der Rubrik „Unverzeihliches"? Was hindert mich daran, bestimmten Menschen zu vergeben?

____

____

____

____

____

Zum Beten

Lieber Herr, du möchtest, dass ich mich den Schmerzen stelle, wenn andere mich verletzt haben. Aber du möchtest auch, dass ich diesen Menschen vergebe. Bitte schenk mir die Bereitschaft, vergeben zu wollen, und es auch zu tun. Erinnere mich sofort daran, wenn ich mich wie ein Maultier verhalte!

Zum Weiterlesen

1. Tag: Was motiviert mich zur Vergebung?
   1. Korinther 13,4-7
2. Tag: Wie geht Gott mit meinen Sünden um?
   Micha 7,18-19
3. Tag: Gibt es ein Recht auf Unversöhnlichkeit?
   Matthäus 18,21-35
4. Tag: Was ist, wenn ich nicht vergebe?
   Matthäus 6,14-15
5. Tag: Wer hat Interesse daran, dass ich nicht vergebe?
   2. Korinther 2,5-11
6. Tag: Welches Vorbild könnte mir helfen, vergeben zu lernen?
   1. Mose 50,15-21

Alle eure Sorge werft auf ihn, denn er sorgt für euch!
1. Petrus 5,7

Lass das Sorgen!

Hannelore Risch

Ich komme mir vor wie ein Gepäckträger. So viele bürden mir etwas auf: meine Familie, Freunde aus der Gemeinde, Nah- und Fernstehende. Die Sorgen rauben mir schon den Schlaf; nachts liege ich wach und grüble: Wie soll ich das nur alles schaffen? Morgens stehe ich erschöpft auf und habe keine Widerstandskraft. Natürlich schnappe ich den nächsten Grippevirus auf und liege mit Fieber und Gliederschmerzen im Bett. So wie jetzt.

Wenigstens habe ich nun genug Ruhe, der Sache auf den Grund zu gehen. Eigentlich fühle ich mich schon länger überfordert. Ich glaube, mein „Lebensgepäck" ist mir zu schwer geworden. Was schleppe ich nur mit mir herum? Ich beginne, zweierlei Belastungen auseinander zu sortieren: Was andere mir aufbürden – muss ich das alles tragen? Und was ich mir selber auflege – muss das wirklich sein? Wie wird mein „Rucksack" leichter? Wie kann ich Ballast abwerfen?

Ich nehme mir Zeit, aufrichtig darüber nachzudenken. Was andere mir aufbürden – sind das von mir akzeptierte Forderungen? Oder sogar Dinge, die Gott mir auferlegt? Wenn ja, dann wird er mich auch mit der nötigen Kraft ausstatten, sodass meine Belastbarkeit stärker wird. Handelt es sich aber um eine Überforderung, dann führt es zum Raubbau an meinen begrenzten

Kräften. Und am Ende werde ich ausgelaugt und ausgebrannt sein. Das ist nicht Gottes Absicht für mein Leben!

Und was ich mir selber aufbürde: Ist das wirklich notwendig oder spiele ich nur die Helferrolle – zur Selbstbestätigung?

Auf einmal entdecke ich viele unnötige Gewichte: Pflichten, die ich mir selber auferlegt habe, um meinem Bild von mir zu entsprechen. Anflüge von Stolz und Neid. Bitterkeit, die mir das Leben buchstäblich „schwer“ macht. Vor allem aber stoße ich auf meine altbekannten „Sorgen-Pflanzen“ mit ihren tiefen Wurzeln.

Wie oft habe ich schon versucht, dieses Unkraut auszurupfen! Es reicht aber nicht, nur die „Blätter“ und „Stängel“ abzuhacken. Dann bleiben nämlich immer noch Wurzeln zurück, die schnell an einer anderen Stelle ausschlagen können: Sorgen wegen der Kinder, Sorgen wegen der Arbeit, Sorgen um die Zukunft – Sorgen, Sorgen, Sorgen! Bei Ihnen mag es das liebe Geld sein, bedrohliche gesundheitliche Aussichten oder die kriselnde Beziehung, die Ihrem Sorgen-Kraut neue Nahrung gibt und Ihren Garten zuwuchern lässt.

Sorgen machen uns alt und krank, wenn wir sie festhalten. Doch wir können sie an Gott abgeben, dazu fordert er uns immer wieder auf. Darum hole ich den Vertrag heraus, den ich schon einmal mit Gott geschlossen habe und nun erneuern will:

Sorgen-Übergabe-Vertrag

zwischen der unterzeichnenden Person und Jesus Christus gemäß 1. Petrus 5,7: „Alle eure Sorge werft auf ihn, denn er sorgt für euch!“

§ 1 Ich übergebe Jesus Christus meine Sorgen und verliere alle weiteren Bearbeitungsrechte.

§ 2 Er übernimmt meine Sorgen zur weiteren Bearbeitung und kommt für die allerbeste Erledigung auf.

§ 3 Die Anzahl der übertragenen Sorgen ist unbegrenzt.

§ 4 Rückgabe-Sperrklausel: Bei dem Versuch, den Vertrag zu brechen und rechtswidrig die abgegebenen Sorgen erneut an sich zu reißen, ist die unterzeichnende Person zu folgendem Gebet aufgerufen:
„Ich danke dir, dass du meine Sorgen bereits endgültig übernommen hast. Ich vertraue dir, dass du dich ganz für mich einsetzt."

§ 5 Zur Vertragsausführung wird im Einzelnen empfohlen:
Die abzugebenden Sorgen aufschreiben und in die Bibel einlegen.
Die Sorgen außerdem im Gebet mündlich übergeben.
Übergabe-Dank-Gebet täglich wiederholen.
Späteres Abhaken der erledigten Sorgen und Dankgebet.

- -

(Unterschrift des abgebenden Vertragspartners)

- -

(Ort und Datum)

Diesmal will ich besonders § 4 beachten. Nun unterschreibe ich den Sorgen-Übergabe-Vertrag mit meinem Namen, Ort und dem heutigen Datum und bin gespannt, wie mein himmlischer Vater für die Erledigung aufkommen wird. Mein Lebensgepäck ist jetzt viel leichter geworden. Voller Zuversicht schaue ich auf den kommenden Tag. Jesus Christus, der große Lastenträger, sieht mir entgegen.

Zum Leben

Worüber mache ich mir zurzeit Sorgen? Was möchte ich an Gott abgeben? Kann ich ihm vertrauen, dass er sich wirklich darum kümmert?

Zum Beten

Jesus Christus, du bist der große Lastenträger, dem nichts zu viel wird. Danke, dass ich alle Sorgen auf deine Schultern laden darf – sie sind bei dir bestens aufgehoben! Bitte erinnere mich immer wieder daran, meinen „Rucksack" auszusortieren und keinen Ballast mit mir herumzuschleppen.

Zum Weiterlesen

Bin ich mir bewusst ...

1. Tag: ... dass Gottes Fürsorge für *alles* gilt und *nichts* außer Acht lässt? *Philipper 4,6-7*

2. Tag: ... dass Gott mich durch schwierige Zeiten hindurchbringen will? *Jeremia 17,7-8*

3. Tag: ... dass Gott meine Bedürftigkeit sieht? *Psalm 40,17-18*

4. Tag: ... dass Gott mir so gerne begreiflich machen will, wie zuverlässig er ist? *Markus 8,14-21*

5. Tag: ... dass die alltäglichen Sorgen mich nicht von Gott ablenken dürfen? *Lukas 21,33-36*

6. Tag: ... dass Gott mir umfassende Hilfe schenken will? *Psalm 121,1-8*

Seht die Vögel unter dem Himmel an:
sie säen nicht, sie ernten nicht, sie sammeln nicht in die Scheunen; und euer himmlischer Vater ernährt sie doch.
Seid ihr denn nicht viel mehr als sie?

Matthäus 6,26

Wertvoller als die Vögel

Lotte Bormuth

Schon seit Wochen sitze ich an der Übersetzung eines Buches. Mühsam habe ich mich durch jedes Kapitel geplagt, bis mir der Text brauchbar erschien. Nun habe ich es beinahe geschafft. Nur noch 17 Seiten – und doch meine ich, diese Arbeit nicht zu Ende bringen zu können. Draußen ist es drückend schwül, mein Geist ist erschöpft, der Blutdruck viel zu niedrig. Ich bin lustlos, müde und möchte am liebsten alles hinschmeißen. Obwohl ich das Ziel vor Augen habe, verliere ich den Mut.

Aber plötzlich horche ich auf. Ein hell tönendes Gezwitscher dringt an mein Ohr. Ich schaue vom Text auf und erblicke in unserem Birnbaum genau vor dem Fenster einen zierlichen grauen Vogel.

Ein gefiederter Mutmacher. Leichtfüßig hüpft er von einem Ast zum anderen, plustert sich auf, lässt sich hin und her schaukeln, reckt seine Kehle stolz in die Luft und jubelt sorglos sein Lied in den Himmel. Er strahlt eine Lebensfreude aus, die ansteckend wirkt. Das gibt mir Mut, an meiner Arbeit zu bleiben. Ich werde es schaffen! Ja, ich werde es schaffen. In sechs Tagen, vielleicht schon in fünf?

Und während ich dem Trillern lausche, werde ich an ein Wort aus dem Neuen Testament erinnert. Dort spricht Jesus: „Seht die Vögel unter dem Himmel an: sie säen nicht, sie ernten nicht, sie sammeln nicht in die Scheunen; und euer himmlischer Vater ernährt sie doch. *Seid ihr denn nicht viel mehr als sie?*" (Matthäus 6,26).

Ein triumphierendes Gezwitscher. Ich nehme diese Frage in mich auf und empfange von Jesus ganz neu die Gewissheit: Ich bin in Gottes Augen wertgeachtet. Er, der den Vögeln Raum zum Leben schafft, sie täglich nährt und fröhlich macht, wird auch mir durchhelfen, mich stärken und ermutigen. Ich werde mein Ziel erreichen! Das lehrt mich der kleine, graue Vogel hoch oben im Geäst. Sein triumphierendes Gezwitscher macht meine Sinne frisch und lebendig. Ich greife zur Feder und fülle Seite um Seite.

Seit dieser Beobachtung steht mir immer wieder die Frage vor Augen: „Seid ihr denn nicht viel mehr als sie?" Und mir fallen Situationen ein, wo ich die Wahrheit dieses Verses spürbar erleben durfte.

Ein bewährtes Vertrauen. Aber hat diese Zusage Jesu auch in der schwersten Krise Bestand, die einem Menschen widerfahren kann, in der Bedrohung durch den Tod? Ich wusste, dass mein Vater sterben würde. Die Diagnose der Ärzte ließ keinen Zweifel aufkommen: Darmkrebs im fortgeschrittenen Stadium mit Metastasen in der Leber. Äußerst schmerzhaft und von Angst erfüllt waren für mich die Stunden am Krankenbett. Ich meinte, es nicht mehr ertragen zu können, meinen geliebten Vater so leiden zu sehen.

Manchmal bat mein Vater mich, ihm sein Lieblingslied „Jesu, geh voran" vorzusingen. Besonders die zweite und dritte Strophe ergriffen mich: „Soll's uns hart ergehn, lass uns feste stehn. Und auch in den schwersten Tagen niemals über Lasten klagen, denn durch Trübsal hier geht der Weg zu dir ... Rühret eigner Schmerz irgend unser Herz, kümmert uns ein fremdes Leiden, o so gib Geduld zu beiden, richte unsern Sinn auf das Ende hin."

In dieser so schmerzlichen Herausforderung lernte ich, Gott zu vertrauen. Ich dankte ihm für die mehr als vier Jahrzehnte, in denen ich einen liebenden Vater an meiner Seite haben durfte. Durch die Schrecknisse des Todes war mir, als ob Gott seine Hand freundlich auf meine Schulter legen und mir zusichern würde: „Ich, dein himmlischer Vater, bin dir ganz nahe. Ich tue jetzt vor deinen Augen eine große Tat. Ich werde das Leben deines Vaters vollenden und ihn in meine neue Welt hineinnehmen. Ich werde ihm die Tränen aus den Augen wischen und allem Leid, allem Schmerz, allem Geschrei ein Ende setzen. Glaube und fasse es: Ich meine es unendlich gut mit ihm und dir. Nach diesem irdischen Lauf öffne ich ihm die Tür zum Himmel, und dein Vater wird das schauen dürfen, was kein Auge gesehen und kein Ohr gehört hat."

Und noch einmal begriff ich in der letzten Tiefe und Vollkommenheit den Sinn des Wortes Jesu: „Seid ihr denn nicht viel mehr als sie?"

Gott hört nicht nur unsere Worte,
er hört auch auf unsere Herzen.
AUTOR UNBEKANNT

Zum Leben

Für welche Herausforderung im Alltag brauche ich heute das Wissen, dass Gott mich wertschätzt und in seinen Händen hält? Für welche krisenhafte Situation brauche ich diese Gewissheit?

____

____

____

____

____

Zum Beten

Herr, du sagst mir zu, dass deine Liebe, Fürsorge und Wertschätzung mich immer umgeben. Danke, dass deine Hand mich hält – in den kleinen Dingen des Alltags wie auch in den krisenhaften Stunden.

Zum Weiterlesen:

Was sagt mir Gott ...

1. Tag: ... wenn ich mutlos bin?
Josua 1,9

2. Tag: ... wenn ich mich schwach und unfähig fühle?
2. Korinther 12,9-10

3. Tag: ... wenn ich niedergeschlagen bin?
Psalm 145,14-18

4. Tag: ... wenn ich meine, einer Situation nicht gewachsen zu sein?
Jesaja 35, 1-4

5. Tag: ... wenn ich nicht weiß, ob ich in meinem Leben zurechtkommen werde?
Philipper 1,6

6. Tag: ... wenn mich die Angst packen will?
Johannes 16,33b

Und Gott schuf den Menschen zu seinem Bilde,
zum Bilde Gottes schuf er ihn; und schuf sie
als Mann und als Frau ... Und Gott sah an alles,
was er gemacht hatte, und siehe, es war sehr gut.
1. Mose 1,27-31

Seht, so ist Gott!

Cornelia Mack

Ein Experiment im Physikunterricht hat mich sehr fasziniert: Unser Physiklehrer versuchte uns zu vermitteln, was ein elektrisches Feld ist. Da man es mit bloßem Auge nicht sehen kann, nahm er feine Metallspäne, blies sie über ein Blatt Papier und legte es zwischen zwei Pole. Etwas Erstaunliches geschah: Die Metallspäne sortierten sich zu einem wunderschönen Muster, wodurch die elektrische Spannung sichtbar wurde.

Eine Ehe ist in gewisser Weise ähnlich – voller Spannung und Schönheit. In ihr begegnen sich zwei unterschiedliche Menschen, so gegensätzlich wie Plus- und Minuspol!

Das elektrische Feld ist für mich ein Sinnbild für die Ehe als „lebendigen Raum". Dieser Raum zwischen den Polen kann nur entstehen, wenn sich die Pole gegenüberstehen – wenn jeder seine Persönlichkeit leben und seine Originalität entfalten kann.

In einer Ehe kann so deutlich werden, was versöhntes Miteinander ausmacht: ein Raum der Liebe Gottes, ein Raum der Freude an der Unterschiedlichkeit und der Ergänzung, ein Raum der Versöhnung in aller Gegensätzlichkeit.

Gott schuf Mann und Frau verschieden, und das war gut so. Beide sind Gottes Ebenbild. Gott schuf nicht den Mann zu seinem Bilde, und die Frau als Abbild des Mannes, nein, Mann und Frau *zusammen* ergeben das Bild Gottes.

Das bedeutet, dass sich im Mann-Sein und im Frau-Sein das Bild Gottes widerspiegeln soll: Die unterschiedliche Art von Mann und Frau verdeutlicht die Vollkommenheit Gottes. Gott hat männliche und weibliche Züge, er ist wie Vater und Mutter zugleich.

Aber auch in der Art, wie Mann und Frau miteinander leben, soll etwas von Gottes Art herüberkommen. Seine barmherzige Liebe kann darin sichtbar werden, wie Mann und Frau miteinander Versöhnung leben. Wie sie immer wieder zur Einheit finden, sich gegenseitig vergeben, einander tragen, einander mit Achtung und Würde begegnen. Wenn Mann und Frau unter Gottes Herrschaft zusammenleben, können andere Menschen an diesem Miteinander Gott erkennen.

Im Neuen Testament wird dieser Gedanke weiter ausgeführt: Daran, wie Mann und Frau miteinander Ehe leben, wird auch sichtbar, wie Christus seiner Gemeinde dient. In Epheser 5,25ff. wird die dienende Liebe des Mannes für seine Frau mit Jesu Hingabe an die Gemeinde verglichen. Umgekehrt vergleicht Paulus die Unterordnung der Frau gegenüber ihrem Mann mit der Hingabe der Gemeinde an ihren Herrn. „Dieses Geheimnis ist groß", sagt Paulus (Epheser 5,32). „Ich deute es aber auf Christus und die Gemeinde."

Das heißt, so, wie Mann und Frau in einer Ehe einander in gegenseitiger Unterordnung und Liebe dienen, zeigen sie ein Stück von Jesu Liebe zu uns Menschen. Indem Mann und Frau sich immer wieder aufeinander freuen und Sehnsucht nacheinander haben, machen sie etwas von der Sehnsucht der Gemeinde nach ihrem Herrn deutlich, von der Vorfreude und dem Warten auf ihn.

In Galater 3,28 wird erläutert: Mann und Frau sollen gemeinsam dienen, ohne dass einer über den anderen herrscht oder befiehlt. Nicht in einem Sklaven-/Herrscherverhältnis sollen Mann und Frau zueinander stehen, sondern in Einheit unter Christus.

„Es ist nicht gut, dass der Mensch allein sei“ (1. Mose 2, 18), darum hat Gott sich die Ehe ausgedacht – darum stellt Gott Mann und Frau einander zur Seite, damit sie einander ergänzen, gleichberechtigt miteinander und füreinander ihre Lebensaufgaben wahrnehmen und Gott die Ehre geben.

Ehe – ein großartiger Gedanke Gottes. In jeder versöhnten Ehe wird etwas von Gottes Art deutlich, etwas von der Liebe Jesu zu uns Menschen und etwas von der Hinwendung der Menschen zu Gott. So kann jede Ehe fast so etwas wie ein Gleichnis sein: Seht, so ist Gott!

Darum: „Was Gott zusammengefügt hat, das soll der Mensch nicht scheiden“ (Matthäus 19,6). Wo immer Ehen misslingen, geht etwas von diesem wunderbaren Geschenk, von diesem Gleichnis Gottes in der Welt verloren. Doch Gott will versöhnen, er will nicht, dass sein Geschenk verloren geht. Er will auch Ehepartnern, die in ihrer Ehe leiden, einen Neuanfang ermöglichen. Denn bei Gott ist kein Ding unmöglich.

Nach Hause, um zu lachen, nach Hause, um auszuruhen,
nach Hause zu denen, die wir am meisten lieben ...
Jetzt ist das Tagewerk getan
und ich höre einen Willkommensgruß.
Liebe ist, an der Tür zu tanzen,
ich bin wieder einmal zu Hause in Sicherheit.

ANONYM

Zum Leben

Wo spiegelt sich in meiner Ehe Gottes Wesensart wider? Wie gehe ich damit um, dass mein Mann so anders ist als ich?

Zum Beten

Danke, Herr, dass Mann und Frau gemeinsam dein Ebenbild sind. Du hast uns nicht verschieden geschaffen, um uns das Leben schwer zu machen, sondern um deine Fülle hineinzubringen. Danke, dass mein Mann so anders ist als ich! Lass unsere Ehe wie ein blank geputzter Spiegel für dein Wesen sein.

Zum Weiterlesen

1. Tag: Gott selbst hat die Ehe als tiefste Form der Einheit zwischen Mann und Frau eingesetzt. *1. Mose 2,18-25*
2. Tag: Gott selbst hat zwischen den Ehepartnern die Flamme der Liebe angezündet. *Hoheslied 8,6-7*
3. Tag: Jesus selbst ist das Vorbild der Liebe, mit der ein Mann seine Frau beschenken soll. *Epheser 5,25-29*
4. Tag: Jesus selbst ist der Erste, dem sich Frauen und Männer unterordnen sollen. *Epheser 5,21-24*
5. Tag: Gott selbst schützt die Ehe – er warnt vor Ehebruch und seinen Konsequenzen. *Sprüche 5,1-18*
6. Tag: Gott selbst schützt die Ehe – er will statt Scheidung ein versöhntes Miteinander. *1. Korinther 7,10-11*

Alles, was gut und vollkommen ist, das kommt von Gott, dem Vater des Lichts. Er ist unwandelbar; niemals wechseln bei ihm Licht und Finsternis, Gutes und Böses.

Jakobus 1,17 (Hfa)

Ehe – Gottes Gedanke

CHRISTIANE BLADT

Gott gab den Menschen das Geschenk der Gemeinschaft, als er Mann und Frau schuf. Er fügte Adam und Eva in der Ehe zusammen, damit zwei eigenständige Wesen mit Leib und Seele eins werden konnten. Die Ehe spiegelt eine besondere Eigenschaft Gottes wider, denn in seiner Dreifaltigkeit ist er die „Vielfalt in Person". Weil er selbst Gemeinschaft ist, schafft er Gemeinschaft.

Als die Menschen noch in einer intakten Beziehung zu Gott lebten, war auch die Gemeinschaft zwischen ihnen vollkommen. So etwas wie „Geschlechterkampf" gab es nicht. Die Ehe war schließlich eine gute, vollkommene Gabe Gottes!

Doch als die beiden Gott den Rücken zukehrten und die Sünde die Gemeinschaft mit ihm zerstörte, zerbrach auch die Einheit untereinander.

Gebet stärkt die Gemeinschaft. Erst durch Jesus wurde echte Gemeinschaft zwischen Gott und den Menschen wieder möglich. Durch ihn können wir mit Gott kommunizieren, und der beste Weg dazu ist das Gebet – ein Fundament, auf dem auch die Einheit in einer Ehe erhalten oder wiederhergestellt werden kann.

Wenn wir mit und für unseren Partner beten, vertieft sich dabei unsere Gemeinschaft. Im gemeinsamen Gebet kommen wir uns näher, weichen uns nicht gegenseitig aus. Sorgen, die wir gemeinsam vor Gott bringen, verlieren ihren Schrecken. Ängste werden kleiner, wenn wir sie laut aussprechen.

Das gemeinsame Gebet dient auch der Kommunikation, denn wir hören einander dabei wirklich zu und achten auch auf unsere eigenen Worte. Etwas, das im alltäglichen Miteinander oft genug nicht funktioniert!

Jesus hat zugesagt, dabei zu sein, wenn zwei oder drei in seinem Namen zusammenkommen (Matthäus 18,20). Im Gebet sind wir eher in der Lage, unseren Partner so zu sehen, wie Gott ihn sieht. Gemeinsam vor Gott zu treten hilft also, uns den liebevollen Blick für den anderen zu bewahren.

Mit Gott unter vier Augen. Ebenso wichtig wie das gemeinsame ist auch das persönliche Gebet. Wenn eine Frau in der Ehe als Christin allein ist, braucht sie es umso mehr! In Sprüche 14,10 steht: „Deine innersten Gefühle kannst du mit niemandem teilen – im tiefsten Leid und in der höchsten Freude ist jeder Mensch ganz allein!“ Es stimmt! Manchmal verstehen wir uns selbst nicht. Gefühle gewinnen die Oberhand, wir fühlen uns allein und vom Partner unverstanden. Ärger macht sich breit und belastet die Beziehung.

Es kann auch passieren, dass der Partner eine Entscheidung trifft, die wir nicht mittragen können oder wollen. Vor einiger Zeit kaufte sich zum Beispiel mein Mann ein Motorrad. Und zwar kein Kleines! Ich habe „sturmgebetet“, Gott möge ihn davon abbringen, etwas so Gefährliches zum Sport zu machen. Wie dankbar war ich gewesen, dass keines unserer Kinder den Wunsch hatte, Motorrad zu fahren. Und jetzt das! Ich habe wirklich große Ängste ausgestanden, die ich nur im persönlichen Gebet bewältigen konnte und kann.

Die Kraft des Gebets. Alles, was mich ängstigt, mich an meine Grenzen bringt, meine Kraft übersteigt, gebe ich Gott im Gebet

– er kann verstehen, was kein Mensch versteht. Ich vertraue ihm darin, dass er entweder eingreifen oder mir Frieden darüber schenken wird. Gott hört und beantwortet unsere Gebete. Wir müssen ihm aber zugestehen, selbst über das *Wie* und *Wann* zu bestimmen.

Ganz praktisch kann das so aussehen: Ich formuliere einen Brief an Gott, in dem ich alles aufzähle, was mich beschäftigt. „Buchstäblich“ bringe ich meine Anliegen dann im Gebet vor ihn.

Es kann auch gut tun, sich für solche Gebetszeiten einen besonderen Ort zu schaffen. Wir können eine Kerze oder ein kleines Kreuz aufstellen und unsere Gebets-Briefe dort aufbewahren.

Wir können auch ein Tagebuch führen, in dem wir sowohl unsere Anliegen als auch die Gebetserhörungen festhalten. Später können wir dann sehen, was Gott in unserem Leben alles bewirkt hat. Das kann überraschend und sehr tröstlich sein!

Ich möchte Sie ermutigen, immer wieder bewusst für Ihre Ehe und Ihren Partner zu beten.

Tipps für Ihr persönliches Gebet:

1. Danken Sie Gott dafür, dass er Ihnen Ihren Partner geschenkt hat!
2. Danken Sie ihm dafür, dass er die Macht hat, Ihre Ehe zu bewahren und zu festigen.
3. Bitten Sie Gott um Weisheit und die Fähigkeit, Ihre Ehe als seine gute, vollkommene Gabe erkennen und annehmen zu können.
4. Bitten Sie ihn darum, dass sein Geist Ihre Gemeinschaft festigt und Sie gegenseitige Bedürfnisse erkennen und ausfüllen können.
5. Bestätigen Sie Ihren Ehebund im gemeinsamen Gebet.

So können Sie erleben, wie Gott die Gemeinschaft Ihrer Ehe stärkt, erhält und segnet!

Zum Leben

Sehe ich meine Ehe als „gutes und vollkommenes Geschenk" Gottes? Wie viel Aufmerksamkeit widme ich ihr im Gebet?

Zum Beten

Herr, die Ehe ist dein gutes und vollkommenes Geschenk. Danke für meinen Ehepartner! Ich wünsche mir so sehr, dass unsere Ehe ein sicherer Ort ist, an dem wir einander unsere Herzen öffnen können. Bitte erinnere mich immer wieder daran, vor dich zu kommen und unsere Gemeinschaft von dir stärken zu lassen.

Zum Weiterlesen:

Ehe heißt ...

1. Tag: ... ich bin für meinen Mann ein besonderes Geschenk.
Sprüche 18,22

2. Tag: ... wir spiegeln gemeinsam das Wesen Gottes wider.
1. Mose 1,26-27

3. Tag: ... wir sind füreinander die wichtigsten Menschen.
1. Samuel 1,1-8

4. Tag: ... wir stärken einander den Rücken.
Prediger 4,9-12

5. Tag: ... wir achten und ehren einander.
1. Petrus 3,1-7

6. Tag: ... wir halten einander die Treue.
Hebräer 13,4

Ein guter Mensch bringt Gutes hervor,
weil er im Herzen gut ist. Aber ein schlechter Mensch kann
nur Böses hervorbringen, weil er von Grund auf böse ist.
Denn wovon das Herz voll ist, davon redet der Mund!
Lukas 6,45 (GN)

Warum habe ich das bloß gesagt?

SUSAN MAYCINIK NIKAIDO

Haben Sie sich auch schon einmal „auf die Zunge gebissen“? Oft lassen wir uns dazu hinreißen, Worte auszusprechen, die uns hinterher Leid tun. Damit können wir großen Schaden anrichten.

Was treibt uns dazu,

- jemanden aus unserer Gemeinde hart zu kritisieren?
- uns bitter über Kleinigkeiten aufzuregen?
- bewusst Dinge von uns zu geben, die andere verletzen?
- Informationen weiterzugeben, die andere negativ dastehen lassen?
- maßlos zu übertreiben, um eine Sache zu „beweisen“?
- vertrauliche Mitteilungen weiterzuerzählen und dabei unser Gewissen zu beruhigen – ganz nach dem Motto: Diese Person sagt es bestimmt keinem weiter?

In unserem tiefsten Innern wissen wir alle, dass diese Dinge schädlich sind – und verkehrt. Warum tun wir sie trotzdem immer wieder? Jesus hat seinen Zuhörern erklärt, warum auch die besten Absichten, gute und hilfreiche Dinge zu sagen, so oft scheitern:

„Ein guter Mensch bringt Gutes hervor, weil er im Herzen gut ist. Aber ein schlechter Mensch kann nur Böses hervorbringen, weil er von Grund auf böse ist. Denn wovon das Herz voll ist, davon redet der Mund.“ (Lukas 6,45).

Kein Wunder also, dass alle Versuche, unsere Zunge im Zaum zu halten, zum Scheitern verurteilt sind! Der Versuch, unsere hässlichen Worte zu unterdrücken, ähnelt dem, einem Ameisenproblem beikommen zu wollen, indem wir die paar Insekten zertreten, die sich ans Licht der Sonne gewagt haben. Das nützt gar nichts! Wir müssen das Nest ausräuchern, sonst leben die Plagegeister unter der Oberfläche munter weiter – und es werden nicht weniger, sondern immer mehr. Unser großes Problem ist also nicht unser Mund, sondern unser Herz!

Ein neues Herz. Sehnen wir uns nicht alle danach, Worte zu reden, die gut und wahr, liebevoll und hilfreich sind? Wünschen wir uns nicht, stets mit Freundlichkeit und Weisheit zu reagieren? Es gibt einen Weg! Wenn wir es Gott gestatten, unsere Herzen zu verändern, werden die Worte, die aus uns herausfließen, auf ganz natürliche Weise den Zuhörern Segen bringen.

Um was für ein Herz können wir Gott bitten?

Ein bußfertiges Herz. Jedes Mal, wenn wir mit unserer Zunge gesündigt haben, müssen wir uns selber prüfen. Und wir müssen die sündhafte Einstellung, die sich dahinter verbirgt, vor Gott bekennen. Solange wir keine echte Traurigkeit über Herzenshaltungen wie Ichbezogenheit, Eifersucht, Stolz oder Lieblosigkeit empfinden und sie nicht als Beleidigung Gottes betrachten, werden wir unweigerlich wieder in das gleiche Raster zurückfallen. Aber ein wirklich bußfertiges Herz kann Gott verändern.

Ein dankbares Herz. „Dankt Gott in jeder Lebenslage“ (1. Thessalonicher 5,18) – das ist kein guter Vorschlag, sondern ein Befehl! Wenn wir anfangen, all das Gute zu erkennen, das Gott für uns getan hat, und unseren Blick bewusst auf diese Dinge richten, wird unser Herz vor Dankbarkeit überfließen. Unsere Worte werden dann wie von selbst andere auf die Güte Gottes hinweisen. Kritische Bemerkungen über unsere Mitmenschen werden aufhören, wenn wir uns auf ihre starken Seiten konzentrieren. Klagen über die Umstände werden der freudigen Erwartung weichen, zu sehen, wie Gott eine unangenehme Situation zu seiner Ehre in etwas Gutes verwandelt.

Ein Herz, das Gott und die Menschen liebt. Die Liebe Gottes, die wir empfangen, wenn wir ihm unser Herz schenken, kann einen Sinneswandel bei uns bewirken. Der Schlüssel dazu liegt in unserer (Liebes-)Beziehung zu Gott – nicht etwa in unseren persönlichen Bemühungen! Wenn wir auf seine Liebe mit Gegenliebe reagieren, werden unsere Herzen mit Lob und Anbetung erfüllt sein. Und die Worte, die aus einem Herzen strömen, das hellauf von Gott begeistert ist, werden selbstverständlich auch andere zu ihm ziehen.

Außerdem würden sehr viele unserer „Sprachprobleme“ verschwinden, wenn wir andere Menschen wirklich lieb hätten! Unser Reden wäre geduldig, gütig, frei von Eifersucht, demütig, rücksichtsvoll, auf den Vorteil des anderen bedacht und wahrhaftig.

Unsere Worte würden Liebe zum Ausdruck bringen. Sie würden warnen und zurechtbringen, aber niemals verletzen wollen. Wenn unser Herz mit Liebe erfüllt ist, können unsere Worte kaum Schaden anrichten.

Gott ist alles möglich. Kein Mensch, Mann oder Frau, kann seine Zunge bändigen. Aber Gott kann es! Wir müssen es nur zulassen.

Zum Leben

Hätte Gott Gefallen an den Worten, die ich in den letzten zwei Tagen gesprochen habe? Hält mich etwas davon ab, ihm mit meinem Reden Ehre zu machen?

Zum Beten

Herr, ich wünsche mir so sehr, gute, aufbauende und liebevolle Worte zu sprechen. Doch ich gestehe dir: Ich schaffe es nicht, meine Zunge im Zaum zu halten. Danke, dass du meine Zunge bändigen kannst! Und danke, dass du an meinem Herzen wirkst, damit sich mein Reden verändert.

Zum Weiterlesen

1. Tag: Was verraten meine Worte über mich?
Jakobus 3,2-12

2. Tag: Welche Auswirkung haben meine negativen Worte auf mich selbst?
Matthäus 15,10-11

3. Tag: Vergibt Gott bereitwillig meine negativen Worte?
Jesaja 6,1-7

4. Tag: Welche Worte soll ich meiden, welche soll ich reden?
Epheser 5,4

5. Tag: Was beeinflusst meine Umgebung positiv?
Sprüche 15,1-4

6. Tag: Was kennzeichnet gute Worte?
Kolosser 4,6

Lasst kein faules Geschwätz aus eurem Mund gehen, sondern redet, was gut ist, was erbaut und was notwendig ist, damit es denen Segen bringt, die es hören.

Epheser 4,29

Worte, die aufbauen

Carole Mayhall

Der junge Mann, mit dem sie sich verabredet hatte, klingelte ein paar Minuten zu früh an der Tür. Sie war noch dabei, ihre Haare in Form zu bringen, und entsprechend wirr sah es auf ihrem Kopf aus. Verlegen fragte sie ihn: „Na, was sagst du jetzt?“ Er lächelte und entgegnete mit sanfter Stimme: „Es sieht so aus, als ob der Abend wunderschön wird.“ Damit war die Situation gerettet.

Wir alle haben die Erfahrung gemacht, dass Worte erfreuen oder verärgern, aufbauen oder zerstören können. Gott will, dass unsere Worte für die Menschen um uns herum hilfreich sind, und liefert uns dazu einige Gesprächsansätze.

Von dem reden, was Gott getan hat. Wir sind schon auf etlichen Ehemaligentreffen gewesen, aber keines war so wie das 40. Klassentreffen meines Mannes. Ein Redner leitete die Feier mit den Worten ein: „Anstatt uns gegenseitig zu erzählen, was in den letzten Jahren in unserem Leben passiert ist, wollen wir einmal über das sprechen, was Gott getan hat.“ Geschlagene vier Stunden saßen wir zusammen und hörten begeistert zu, wie einer nach dem anderen von Gottes Wirken in und durch sein Leben berichtete. Ein bescheidenes, unscheinbares Ehepaar, an das wir uns nicht einmal mehr erinnern konnten, erzählte, wie es ins Amazonasgebiet gegangen war, über schäumende Flüsse paddelte und durch dichten Urwald irrte, um die Bibel in zwei Stammessprachen zu übersetzen. Es waren vier ausgesprochen ermutigende Stunden. Warum? Weil wir über das redeten, was Gott getan hatte!

Ermutigen und aufbauen. In Hiob 4,4 lesen wir: „Deine Rede hat die Strauchelnden aufgerichtet, und die bebenden Knie hast du gekräftigt." Können Sie sich an ein besonders ermutigendes Wort erinnern, das Gott dazu benutzt hat, Ihre „bebenden Knie" zu kräftigen?

Als ich mir selbst diese Frage stellte, fiel mir sofort der Tag ein, an dem ich meine Tochter im Internat besuchen wollte. Während der vierstündigen Fahrt hörte ich mir einige Kassetten an, an denen mein Mann und ich mitgearbeitet hatten. Zunächst war auf der Kassette die tiefe, klare, klangvolle Stimme meines Mannes zu hören. Und dann kam ich – hoch, schrill und viel zu schnell. Nachdem ich etwa eine halbe Stunde zugehört hatte, hielt ich am Straßenrand an und weinte.

In den darauf folgenden Wochen war ich mehrmals als Referentin unterwegs. Während meiner Vorträge fragte ich mich ständig, was die Leute wohl über mich und meine Sprechweise denken mochten. Nach einem Referat kam eine Frau auf mich zu, lächelte mich freundlich an und sagte: „Ich wollte Ihnen nur sagen, was für eine Freude es ist, Ihnen zuzuhören! Sie haben solch eine wunderbare Stimme!" Ich muss sie ziemlich entgeistert angesehen haben. Ich bedankte mich bei der Frau und auch bei Gott, weil er sie mir geschickt hatte. Nichts hätte ermutigender für mich sein können.

Positive Worte finden. Es gibt die Faustregel, für jede negative Aussage zuerst fünf positive zu machen. Schon der Apostel Paulus hatte wohl so etwas von Gott gelernt: Als er wegen des entlaufenen Sklaven Onesimus an Philemon schrieb, begann er seinen Brief mit lauter positiven Aussagen. Nach all diesen guten Worten bat er mit Leidenschaft und Weisheit um Vergebung für Onesimus, und erst dann ging er zu dem über, was in den Ohren Philemons einen negativen Beiklang haben könnte.

Konstruktive Kritik üben. Jesus sprach viele ermutigende Worte. Aber er tat auch etwas, das wir zunächst vielleicht nicht als aufbauend oder stärkend empfinden: Er wies die Jünger zurecht. Aber wenn Kritik wie bei ihm durch Liebe motiviert ist, baut sie auf, anstatt zu zerstören. Es gibt Momente, in denen uns der Heilige Geist selbst dazu leitet, weise Korrektur anzubringen. Solche angemessenen kritischen Worte werden sich konstruktiv auswirken.

Worte, die wohl tun. Ich wünsche mir sehr, Menschen mit meinen Worten wohl zu tun. Dafür ist Christus mein großes Vorbild. Wenn ich ihn in den Berichten der Evangelien beobachte, stelle ich fest, dass er selten Komplimente machte. Aber er ermutigte und tröstete die Menschen mit kostbaren Verheißungen und eröffnete ihnen ein neues Verständnis vom Himmel, von der Liebe Gottes und der Gegenwart des Heiligen Geistes. Indem er ihnen Frucht und Freude für ihr Leben versprach, hielt er ihnen Positives vor Augen, auch wenn er Schwieriges ansprechen musste. Lernen wir von ihm, wie wir miteinander reden können!

Zum Leben

Wie oft kommen aufbauende Worte aus meinem Mund, wie oft negative? Gibt es einen Menschen, von dem ich meine, dass ich ihn korrigieren sollte? Wie kann ich ihm vorher mindestens fünf gute Worte sagen?

____

____

____

____

____

Zum Beten

Danke, Herr, für alle guten Worte, die andere mir gesagt haben! Ich brauche diese Ermutigung so sehr. Bitte gib mir gute Ideen, wie ich mit ehrlichen Worten anderen wohl tun kann. Und lass mich von dir lernen, konstruktiv zu reden – selbst dann, wenn ich Kritik üben muss.

Zum Weiterlesen

1. Tag: Was ist dran, bevor ich rede?
   Jakobus 1,19
2. Tag: Wer hilft mir, die richtigen Worte zu finden?
   Jesaja 50,4-5
3. Tag: Was ist wichtig, wenn ich etwas Negatives ansprechen muss?
   Matthäus 18,15
4. Tag: Worum kann ich Gott bitten?
   Psalm 141,3
5. Tag: Geht es nur darum, dass ich mir „auf die Zunge beiße", oder will Gott viel mehr bei mir bewirken?
   Psalm 19,15
6. Tag: Wieso kann es anderen helfen, wenn ich von meinen Erfahrungen mit Gott rede?
   Psalm 40,4-11

Gebt dem Teufel keine Chance, Unfrieden zu stiften!
Epheser 5,27

Die Schlange in meinem Garten

Jill Briscoe

Es könnte alles so schön sein. Wenn da nicht diese Schlange wäre! Sie war Schuld an der ersten Ehekrise aller Zeiten (vgl. 1. Mose 3). Und immer noch hasst sie jede Ehe, in der Gott der Herr ist. Mit ihren Lügen trachtet die Schlange – nämlich Satan – danach, unsere Beziehungen zu zerstören.

Eine tückische Unterstellung. Ihre erste falsche Unterstellung bekam ich als Jungverheiratete zu hören. Während ich fröhlich kochte, wusch und unser erstes Kind versorgte, zischte sie: „Es ist nicht gut, dass der Mensch allein sei. Das hat Gott nie gewollt. Warum lässt dich dann dein christlicher Ehemann so oft allein? Er sollte da sein und dir bei der vielen Hausarbeit und mit dem Baby helfen, anstatt dauernd für Gottes Reich unterwegs zu sein!"

Unzufriedenheit machte sich in mir breit. Irgendwie schien die Schlange Recht zu haben. Sogleich fragte ich meinen Mann Stuart: „Warum bleibst du an den Wochenenden nicht zu Hause und sagst hier das Evangelium weiter? Siehst du da drüben die vielen jungen Leute vor dem Jugendcafé? Die brauchen es alle! Warum musst du unbedingt zu einer Hand voll alter Frauen in der Kirche predigen?"

Ein schwacher Überzeugungsversuch. Damit wir uns richtig verstehen: Es ging mir nicht im Geringsten um die armen

Jugendlichen auf der anderen Straßenseite. Ich war einsam und versuchte deshalb, meinen Mann zu manipulieren und dahin zu bringen, auf mich zu hören anstatt auf Gott. Ich benutzte lediglich ein Argument, das sich religiös anhörte.

Ich kam allerdings nicht weit. Mein Mann sagte bloß: „Wozu bist du denn da? Sprich du mit ihnen über Jesus!"

„Da hast du's", sagte die Schlange, „absolut unfair! Dabei kannst du gar nicht mit ihnen reden. Sie gehören zu einer anderen Generation. (Ich war 23 Jahre alt!) Wenn schon, musst du dir ein paar Teenager holen!"

Ein überraschender Schubs. Ich witterte einen Ausweg aus dem Dilemma, mich persönlich engagieren zu müssen und brachte einige junge Leute dazu, das zu tun, wozu ich keinen Mut hatte. Ich würde zu Hause für sie beten und ihnen anschließend eine Tasse Tee anbieten (wie nett von mir).

Aber Gott war im Begriff, mich eine Lektion zu lehren. Er sagte: „Jill, du hast Recht. Es ist nicht gut, dass der Mensch allein sei. Ich werde die Sache in Ordnung bringen und dafür sorgen, dass du Gesellschaft hast!"

Als meine tapferen Teenager auf die wild aussehenden Jugendlichen vor dem Café zugingen, war es wegen einer Schlägerei geschlossen. Kurz entschlossen luden sie die Horde zu mir nach Hause „auf eine Tasse Tee" ein!

In null Komma nichts war das Haus voller neugieriger junger Menschen. Bis in die Nacht hinein redeten und diskutierten wir, legten Zeugnis ab und beteten. Als mein Mann kurz vor Mitternacht nach Hause kam, öffnete ihm ein schlaksiger Junge mit bunt gefärbten Haaren die Tür und brummte: „Tut mir Leid, Mann, alles voll!"

Die eigene Verantwortung wahrnehmen. Damit fing für uns beide ein neuer Abschnitt an. Meine Freizeit war zum Bersten voll mit positiver Geschäftigkeit. Mir wurde klar, dass ich mich zwar bei meiner Hochzeit meinem Mann anvertraut hatte. Das hieß aber nicht, dass ich meine Beziehung zu Gott ebenfalls auf ihn übertragen hatte! Ich musste über meine eigene Zeit mit Gott wachen und durfte meine geistliche Verantwortung nicht an meinen Mann delegieren. Gott hatte Arbeit für mich persönlich – geistliche Arbeit in Bereichen, für die mein Mann weder Zeit noch Talent hatte: Unsere Wohnung konnte mein „Fischerboot" sein, während er unterwegs war. Unser Baby konnte ein Mittel sein, um mit anderen jungen Müttern im Park oder im Geschäft Kontakt zu knüpfen. Dieser Verantwortung durfte ich mich nicht einfach entziehen, nur weil ich verheiratet war!

Es gab in jenen ersten Ehejahren bestimmt viele berechtigte Gründe, sich von der geistlichen Bühne zurückzuziehen. Wie Marta (Lukas 10,38-42) war auch ich oft besorgt und beunruhigt über durchaus gute und notwendige Dinge, aber es war wichtig für mich, an das bessere Teil zu denken, das Maria erwählt hatte – zu den Füßen Jesu zu sitzen, in sein Angesicht zu schauen und seinem Wort zuzuhören. Immer, wenn ich das tat, wurde ich daran erinnert, dass zwei Menschen, die eins geworden sind, mit mehr als doppelter Stärke für das Reich Gottes eintreten können. Denn: „Einer wird Tausend jagen und zwei Zehntausend in die Flucht schlagen" (vgl. 5. Mose 32,30).

Erst wenn wir uns selbst vergessen,
tun wir Dinge,
die in Erinnerung bleiben werden.
ANONYM

Zum Leben

Wo habe ich in letzter Zeit der Schlange Gehör geschenkt? Mache ich andere Menschen für mein geistliches Wohlergehen verantwortlich? Wie kann ich selbst meine Beziehung zu Gott vertiefen und meine Aufgaben angehen?

Zum Beten

Herr, ich weiß, dass die Schlange immer wieder versucht, mit tückischen Unterstellungen die Beziehung zu meinem Mann zu schwächen und mich selbst lahm zu legen. Ich will nicht mehr darauf hören. Bitte hilf mir, die Lügen zu entlarven und meine Verantwortung wahrzunehmen.

Zum Weiterlesen

1. Tag: Macht Gott einen Unterschied zwischen Männern und Frauen, wenn es um die grundlegende Ausrüstung mit seinem Geist geht? *Apostelgeschichte 2,17-18*

2. Tag: Werden Männer oder Frauen von Gott in irgendeiner Weise bevorzugt oder benachteiligt? *Galater 3,26-28*

3. Tag: Wie begann die Geschichte des Christentums in Europa – mit einer Frau oder einem Mann? *Apostelgeschichte 16,11-15*

4. Tag: Welche Frau hat beispielsweise einen weit reichenden Einfluss ausgeübt? *1. Samuel 25,2-42*

5. Tag: Wie kann eine Frau den ganzen Reichtum ihrer Erfahrungen weitergeben? *Titus 2,2-5*

6. Tag: Wird in der Bibel die Arbeit von männlichen und weiblichen Gemeindegliedern in gleichem Maße geschätzt? *Römer 16,3-16*

Anmut kann täuschen und Schönheit vergeht wie der Wind – doch wenn eine Frau Gott gehorcht, verdient sie Lob!

Sprüche 31,30 (Hfa)

Starke Frauen – starke Hände!

Hannelore Illgen

Wer von uns Frauen wünscht sich nicht, als kreativ, liebevoll, souverän, weise, fürsorglich, gütig oder vertrauenswürdig bezeichnet zu werden? In Sprüche 31 werden die Eigenschaften einer Frau, auf die all diese Attribute zutreffen, in einem Wort zusammengefasst: „stark"!

Das hier verwendete hebräische Wort „chajil" kommt auch in anderen biblischen Texten vor und wird dort eindeutig mit „Stärke" übersetzt, das entsprechende Eigenschaftswort mit „tapfer" oder „kämpfend". So haben wir allen Grund anzunehmen, dass Gott Wert darauf legt, dass Frauen in der Gesellschaft Lobenswertes leisten. Von der Verantwortung, die von ihnen sowohl sozial wie auch geschäftlich wahrgenommen wird, soll sogar öffentlich geredet werden, ebenso von ihren Beratungstätigkeiten und ihren Management-Fähigkeiten (Vers 31).

Was hier auffällt: Die Quelle ihrer Kraft liegt im Gehorsam gegenüber Gott (Vers 30). Gehorchen macht also stark!

Die praktischen Fähigkeiten dieser „starken" Frau haben im Wesentlichen mit ihren Händen zu tun. Hände sind komplizierte biologische Wunderwerke, die sich auf unglaublich vielfältige Weise einsetzen lassen. Sie können zum Beispiel streicheln, schlagen, basteln und Instrumente spielen. Sie helfen uns auch, unsere Worte durch Gesten zu unterstreichen. In unserem Kapitel lesen wir von ihrem unermüdlichen und segensreichen Gebrauch – nicht nur im Bereich des eigenen Hauses, sondern auch weit darüber hinaus.

Wolle und Flachs. Eine der erwähnten praktischen Fähigkeiten ist die folgende: „Sie besorgt sich Wolle und Flachs und verarbeitet es mit geschickten Händen" (Vers 13). Nun hat diese Tätigkeit in unserer Kultur keine grundlegende Bedeutung mehr. Aber es gibt da eine zweite, symbolische Bedeutung: Wolle steht in der Bibel dafür, dass sündiges Verhalten vergeben und dadurch Gericht abgewendet werden kann. Verarbeitete Wolle hält Kälte ab; und etwas vor Sünde „Blutrotes" wird wieder „weiß wie Wolle", wenn die Sünde vergeben ist. Flachs oder Leinen wird im Zusammenhang mit Christi Gerechtigkeit genannt. Die alttestamentlichen Priester trugen Leinengewänder, wenn sie ihren stellvertretenden Dienst vor Gott für die Menschen taten. Und auch im Himmel werden wir uns „in feines, strahlend weißes Leinen" kleiden dürfen (Offenbarung 19,8). Kein Mensch ist von sich aus vor Gott „weiß wie Wolle". Wir alle sind sündige Menschen, und unsere Beziehung zu Gott bedarf ständig sorgfältiger Pflege. Als seine Kinder haben wir aber das Vorrecht, uns immer wieder von ihm vergeben lassen zu können.

Mit „Wolle und Flachs" umzugehen bedeutet also weit mehr als mühsame Handarbeit. Es bedeutet im übertragenen Sinne, Beziehungen zu pflegen und etwas von Gottes Liebe weiterzugeben. Wir als „tüchtige" und „starke" Frauen können Einfluss darauf nehmen, dass es in unseren Familien, Gemeinden, am Arbeitsplatz und in der Nachbarschaft persönlich, warmherzig und liebevoll zugeht. Wie viel Verantwortung, aber auch wie viele Chancen liegen hier „in unseren Händen"! Wenn es im Miteinander stimmt, können sündige Denk- und Verhaltensweisen rechtzeitig erkannt und überwunden werden.

Ein anspruchsvoller Auftrag. Wer schon einmal rohe Wolle und Flachs in den Händen gehabt oder sogar verarbeitet hat, weiß, dass sie scharf in unsere Hände einschneiden können. Auch im Zusammenleben ist vieles nicht leicht. Oft werden wir tief berührt oder auch verletzt. Wir leiden manchmal – nicht nur, wenn es um uns selber geht. Wir leiden auch mit anderen, vor allem mit denen, die uns am Herzen liegen. Aber wir haben die Chance, etwas Gutes zu bewirken. Wir können anderen helfen, indem wir sie respektvoll „behandeln“ und sie darin unterstützen, schwierige Situationen zu „verarbeiten“. Unsere zwei Hände weisen in ihrer Feinnervigkeit auf die vielfältigen Möglichkeiten hin, die wir haben, „einzugreifen“.

Wolle und Flachs sind das richtige Material für „Beziehungsarbeit“, denn sie sind Symbole für Gottes Liebe und Gerechtigkeit. Wir müssen nicht zusehen, wenn Menschen in unserer Umgebung auf Dauer unversöhnt leben. Weder in der eigenen Ehebeziehung, noch im Zusammenleben unserer Kinder oder im Arbeitsumfeld. Wir können dazu beitragen, dass eine Atmosphäre gegenseitiger Annahme entsteht, in der Raum ist für Liebe und Ehrlichkeit. Im Wissen um unsere Unvollkommenheit – aber auch im Wissen um die Möglichkeiten Jesu: Er allein kann Menschen durch Versöhnung wieder zueinander bringen. Er ist die Gerechtigkeit und kann Beziehungen wiederherstellen. Aber wir dürfen mitmachen – uns im Bereich der Beziehungen als Frauen stark machen!

Meine Gedanken

Könnte Gott auch über mich ein Loblied singen? Wo könnte ich mich von ihm gebrauchen lassen, um Beziehungen zu verbessern?

____

____

____

____

____

Zum Beten

Herr, ich staune darüber, dass du mir so viel „in die Hände" gibst! Du hast mir einen großen Einflussbereich anvertraut. Mit deiner Hilfe möchte ich meine Chancen entdecken und meine Begabungen so einsetzen, dass sie meine Umgebung spürbar verändern!

Zum Weiterlesen

Eine starke Frau kann dienen ...

1. Tag: ... mit der speziellen Gabe, die Gott ihr gegeben hat.
1. Petrus 4,10

2. Tag: ... indem sie anderen von Jesus Christus weitersagt – wie Maria Magdalena.
Johannes 20,11-18

3. Tag: ... indem sie ihren Besitz mit anderen teilt – wie Maria, Johanna, Susanna und viele andere Frauen, die Jesus folgten.
Lukas 8,1-3

4. Tag: ... indem sie ihre praktischen Fähigkeiten einsetzt und ein großzügiges Herz hat – wie Tabita.
Apostelgeschichte 9,36-42

5. Tag: ... indem sie für die Gemeinde unterwegs ist – wie Phöbe.
Römer 16,1-2

6. Tag: ... indem sie andere die Wahrheit Gottes lehrt – wie Priszilla.
Apostelgeschichte 18,24-28

Ich werde euch tragen bis ins hohe Alter.
Jesaja 46,4

Mit Würde alt werden

Annemarie Pfeifer

Es tut mir so gut, mit jüngeren Menschen zu plaudern", gestand mir letzthin ein über 80-jähriger Herr. „Doch oft habe ich das Gefühl, dass mich Junge als ‚Grufti' oder ‚Komposti' abstempeln und meine Meinung gar nicht ernst nehmen. Dabei fühle ich mich noch sehr lebendig und nehme interessiert Anteil an allem, was um mich herum geschieht." Wir alle wollen alt werden – doch alt sein ist nicht immer angenehm, und es braucht Kraft, auch die letzte Lebensphase in Würde zu leben.

Das Alter hat viele Gesichter. Heute sprechen wir viel von den „neuen Alten", die voll Tatendrang die Jahre ihres „Unruhestandes" ausfüllen, reisen, sich weiterbilden, die Enkel hüten und all das nachholen, was sie in der strengen Arbeitswelt verpasst haben. Dahinter weckt das Alter aber viele Ängste: Verlust des Ehepartners, abnehmende Kräfte, Schmerzen, zunehmende Abhängigkeit, finanzielle Engpässe oder die albtraumhafte Vorstellung des vollständigen Ausgeliefertseins im Pflegeheim. Während früher das Alter in hohen Ehren gehalten wurde, fühlen sich heute die Senioren vermehrt als Anhängsel oder gar als Last für die anderen. Der dritte Lebensabschnitt ist heute bedeutend länger geworden und birgt dabei wertvolle Schätze, aber auch Herausforderungen. Dank der Möglichkeiten der modernen Medizin sind uns mehr Tage auf dieser Erde geschenkt. Doch wie können wir sie in Würde und Weisheit leben?

Das Alter hält Erfahrungen mit Gott bereit. In der Bibel erleben wir immer wieder, wie auch betagte Menschen ganz spezielle Erfahrungen mit Gott machen. Jeder Tag, den wir auf dieser Erde verbringen dürfen, kann zu einem Tag des Segens werden! Auch Hanna (Lukas 2,36-38) wurde mit ihren vierundachtzig Jahren von Gott berührt. Sie blickte auf ein hartes und entbehrungsreiches Leben zurück. Nur gerade sieben Jahre war sie verheiratet, dann starb ihr Mann und ließ sie allein zurück. Eine persönliche und finanzielle Katastrophe. Ohne Witwenrente oder Sozialamt fristeten allein stehende Frauen meistens ein kümmerliches Leben. Eine Last für die Familie. Sie hatte auf dieser Welt nichts mehr zu suchen. Niemand würde sie einmal vermissen. Doch dann hatte sie eine Begegnung, die alles veränderte:

Es war ein ganz gewöhnlicher Alltag. Seit Jahren schon lebte Hanna fast ausschließlich im Tempelbereich, um Gott zu dienen, um zu beten und zu fasten. Wie immer strömten die Gläubigen an ihr vorbei, es herrschte ein Kommen und Gehen. Da plötzlich durchströmte sie eine unsagbare Freude, und sie begann, Gott zu loben und zu preisen. Tief innen wusste sie, dass ihr Warten auf den Erlöser Israels ein Ende gefunden hatte. Sie hatte den Heiland der Welt gefunden, da auf dem Arm dieser jungen Mutter. Ihr Leben bekam einen neuen Sinn: „Allen, die auf die Befreiung Jerusalems warteten, erzählte sie von diesem Kind." Damit wurde sie zur ersten Verkündigerin der frohen Botschaft von Jesus. Hanna, eine arme, betagte, allein stehende Frau. Mitten im einförmigen Alltag und einer kargen Existenz kann Gott ein Licht anzünden.

Das Alter kann kostbare Schätze heben. Betagte Menschen sind wie eine Schatztruhe. In ihrem Leben haben sie unzählige Erfahrungen angesammelt, die wie in einem Bilderbuch zusammengestellt sind. Da gab es bestimmt viel Schweres zu verkraften, aber es gab sicher auch Sonnenschein und Glück. Welche Bilder betrachten Sie immer wieder? Die negativen oder positiven? Sie selbst können bestimmen, ob Sie die frohen Momente Ihres Lebens in dankbarer Erinnerung behalten und ihnen viel Raum in den Gedanken einräumen, oder ob Sie Ihre verbleibenden Tage durch die Schatten der Vergangenheit verdüstern lassen.

Das Alter muss nicht die Würde rauben. Schwach sein heißt nicht ohne Würde sein. Meine Großmutter, der ich sehr viel verdanke, verlebte ihre letzten Lebensjahre in einem Altenheim. Ihre Kräfte nahmen zunehmend ab, die Sehkraft ließ nach, und sie konnte nicht einmal mehr mit einem Vergrößerungsglas in ihren geliebten Büchern schmökern. Stück für Stück verlor sie die Selbstständigkeit, konnte nicht mehr im Speisesaal mit anderen essen und dort mit ihrem herzlichen Lachen die Stimmung erhellen, sich mit den anderen Pensionären mit Spielen die Zeit verkürzen oder allein spazieren gehen. Die letzten Wochen schlief sie in einem Gitterbett und musste wie ein Kleinkind gepflegt werden. Heimlich vergoss sie wohl manche Träne. Aber sie verlor ihre Würde nicht. Ihr gütiger, frohgemuter und dankbarer Charakter überstrahlte bis zum Ende die schmerzlichen Einschränkungen des Alters.

Gott trägt uns durch alle Kapitel unseres Lebens, und er verheißt: „Ich will euch tragen bis ins hohe Alter.“ Wenn die Last besonders schwer wird, ist seine Kraft besonders stark.

Zum Leben

Achte ich die besondere Würde alter Menschen – bei mir selbst oder bei anderen? Wie kann ich diese Achtung zum Ausdruck bringen? Wie kann ich die Schätze meines Lebens an andere weitergeben?

____

____

____

____

____

Zum Beten

Danke, Herr, dass ich mit deiner Hilfe in Würde alt werden kann. Hilf mir, auch Verluste zu akzeptieren, ohne darüber bitter zu werden. Gib mir Gelegenheit, Jüngeren von den Schätzen meines Lebens weiterzugeben. Und überrasche mich immer wieder durch die Begegnung mit dir – so wie du es damals bei Hanna getan hast.

Zum Weiterlesen

1. Tag: Welche Würde spricht die Bibel alten Menschen zu? *3. Mose 19,32, vgl. Sprüche 20,29*
2. Tag: Was kann Alte und Junge miteinander verbinden? *Psalm 148,7-12*
3. Tag: Welchen Segen könnte ich den Jüngeren, die mir nahe stehen, geben? *1. Mose 48,8-21*
4. Tag: Wie kann ich mein Alter als einen Lebensabschnitt begreifen, in dem ich nicht nur zurückschaue, sondern auf etwas Größeres zugehe? *Sprüche 4,18*
5. Tag: Was sagt Gott speziell den Älteren zu? *Jesaja 46,4*
6. Tag: Bin ich bereit, mich auch im Alter in irgendeiner Weise von Gott überraschen zu lassen? *Lukas 1,5-25*

Denk an deinen Schöpfer in deiner Jugend,
ehe die bösen Tage kommen und die Jahre sich nahen,
da du wirst sagen: „Sie gefallen mir nicht."
Prediger 12,1

Ich bin reich

Rosemarie Uschold

Die Bibel beschreibt das hohe Alter sehr realistisch: die nachlassende Seh- und Hörfähigkeit, die schwindenden Kräfte, das Nahen des Todes (Prediger 12,1-7). Doch diese Schilderung soll nicht melancholisch stimmen; sie dient als Ermahnung, sich rechtzeitig, das heißt frühzeitig, seinem Schöpfer zuzuwenden.

Heute gibt es zum Glück viele Hilfen, den Beschwerden des Alters entgegenzuwirken: Brillen, Hörgeräte, Zahnersatz, Gehhilfen, Herzschrittmacher und viele wirksame Medikamente, die die Lebenserwartung beträchtlich steigern. Daher gibt es immer mehr Hochbetagte. Für die Gesellschaft ist die Alterspyramide eine zunehmende Last – wir kennen die Diskussionen darüber. Was aber bedeutet dieser Lebensabschnitt für den Einzelnen persönlich?

Lebensgefühl des Alters. „Das Lebensgefühl des hohen Alters ist Müdigkeit", vertraut mir die Bekannte an, die ich im Seniorenheim besuche.

„Das Lebensgefühl des Alters ist Einsamkeit", schreibt mir eine Frau aus einem „Plattenbau" in Berlin.

„Das Lebensgefühl des Alters ist Bitterkeit", versichert mir der alte Herr, der auf der Parkbank neben mir Platz genommen hat.

„Das Lebensgefühl des Alters ist Hilflosigkeit", lässt mich meine Nachbarin wissen.

„Das Lebensgefühl des Alters ist Wehmut – eine düstere Verlust-Stimmung", seufzt die alte Dame auf unserem Spaziergang.

Ich selbst bin im achtzigsten Lebensjahr. Mein Lebensgefühl ist Dankbarkeit, tiefe, überfließende Dankbarkeit!

Nein, ich bin keineswegs immun gegen die Bürde der hohen Jahre, gegen die Beschränkungen und Beschwerden. Das Alter ist ein stetes Abschiednehmen von Kräften, Fähigkeiten und Möglichkeiten. Aber dennoch gibt es auch noch jetzt so viel Gutes! Die Bereitschaft zur Dankbarkeit öffnet uns die Augen und das Herz für das Schöne, das uns verblieben ist:

Möglichkeiten des Alters. Da sind liebe und hilfsbereite Mitmenschen – ein freundliches Lächeln, eine helfende Hand.

Da sind Telefonate – Stimmen, die nach mir fragen, Kontakte zu alten Freunden. Menschen, die mich trösten oder von mir getröstet werden wollen, die mich an ihrem Schicksal teilnehmen lassen. Statt nur um die eigenen altersbedingten Kümmernisse zu kreisen, darf ich mein Mitgefühl für die anderen wach halten – besonders für junge Menschen. Mit Verständnis und echtem Interesse kann ich die Kluft zwischen den Generationen überwinden. Nicht wenige Junge freuen sich über das geduldige Zuhören-Können einer „Oma", die Zeit hat.

Zeit zu haben, wenn sonst überall Stress und Hektik herrschen, ist ein sehr kostbares Privileg. Zeit zum Musikhören, für Bücher, vielleicht für ein Haustier. Zeit für ein stilles Zwiegespräch mit Gott. Statt vor dem Fernseher in Passivität zu versinken, betrachte ich es als Gewinn, dass ich Zeit habe, meinen Geist zu nähren.

Ich ringe mit der Versuchung, mich völlig in meine Sofa-Ecke zurückzuziehen und meine Talente verkümmern zu lassen. Da haben sich in einem langen Leben so viele wertvolle Erinnerungen angesammelt – warum nicht für die Enkel eine Familienchronik oder Gedanken zur Zeitgeschichte schreiben? Meine

Großmutter hinterließ mir handgeschriebene Kochbücher, aber zu meinem Bedauern kein einziges persönliches Wort.

Ich fasse auch jetzt noch mein Alter als „Schule“ auf. Lernen hält jung! Ich lerne Geduld – mit mir selbst und anderen. Ich lerne, dass das Gesicht im Spiegel zwar faltig und welk ist, aber dass die Ausstrahlung von Warmherzigkeit und Lebensbejahung diesem Mangel an Attraktivität – den jüngere Frauen so panisch fürchten – entgegenwirkt.

Auseinandersetzung des Alters. Was aber hier nicht verschwiegen werden darf: Was das Alter so „unpopulär“ macht, ist das Wissen um die Todesnähe. Das ist eine existenzielle Auseinandersetzung, die nicht bagatellisiert, verdrängt oder geleugnet werden soll. Doch wer an Jesus glaubt, braucht keine Angst vor dem Tod zu haben. Und wenn wir den Mut fassen, dem Wissen um das Sterben-Müssen nicht auszuweichen, befreien wir uns damit von schleichenden Altersdepressionen. Wir gewinnen Gelassenheit, wenn wir das Sterben nicht als Ende, sondern als Heimkehr betrachten.

Geschenkte Zeit des Alters. Das Alter ist die geschenkte Zeit, unser „irdisches Haus zu bestellen“, indem wir uns mit den Mitmenschen versöhnen, Schuld bereinigen, Groll und Bitterkeit ablegen. So gehen wir mit leichter Last die letzte Strecke. Wir üben täglich das Loslassen, wenn wir alles, was wir lieben, und alles, was wir fürchten, in Gottes Hand legen. Er nimmt mir die Angst vor dem Ungewissen und gibt mir eine Zukunft: „Wer den Sohn hat, der hat das Leben“ (1.Johannes 5,12).

Ich habe das Leben! Ich bin reich, reich, reich! Wie könnte ich da nicht dankbar sein?

Zum Leben

Was verbinde ich persönlich mit dem Thema „Alter“? Was gibt es für mich zu verlieren, was zu gewinnen? Wie nutze ich die Chancen des Alters?

____

____

____

____

____

Zum Beten

Herr, dein Wort beschönigt nichts und verschweigt auch die Schwierigkeiten des Alters nicht. Danke für alle Hilfen, die es heute gibt. Herr, ich möchte mit Dankbarkeit auf mein Leben sehen und die Chancen des Alters ausschöpfen. Bitte hilf mir, diese geschenkte Zeit zu nutzen und die Beziehung zu dir, Jesus Christus, zu vertiefen.

Zum Weiterlesen

Ich werde älter ...

1. Tag: ... aber mein geistliches Leben kann weiter wachsen. *Psalm 92,13-16*
2. Tag: ... aber Gott hat eine Aufgabe für mich, die über die Generationen hinausgeht. *Psalm 71,9-18*
3. Tag: ... aber als großmütterliche Frau kann ich Liebe und Wärme geben. *Rut 4,13-17*
4. Tag: ... aber mein innerer Mensch wird von Tag zu Tag erneuert. *2. Korinther 4,16-18*
5. Tag: ... aber Gottes Wort erinnert mich daran, mein Leben sinnvoll zu gestalten. *Psalm 90,10.12*
6. Tag: ... aber wenn ich Jesus Christus kenne, kann ich mich auf das ewige Leben freuen. *2. Timotheus 4,7-8*

Ich freue mich über dein Wort wie einer,
der große Beute macht.
Psalm 119,162

Entdeckerfreude

Sabine Bockel

Noch heute sehe ich ihn vor mir: Mein theologischer Lehrer steht an der Wandtafel und legt das Wort Gottes aus. Einen ganzen Winter lang hat er keine Mühe und keinen Einsatz gescheut, um achtundzwanzig jungen Leuten die Wahrheit der Bibel nahe zu bringen. Nun ist es Februar, und das Semester neigt sich dem Ende zu.

In den vergangenen Monaten war ich aus dem Staunen kaum noch herausgekommen: Je mehr ich mich mit Gottes Wort beschäftigte, umso lieber wurde es mir. Es hatte zu jedem (!) Thema so viel zu sagen, rückte mein Denken zurecht und riss mir neue Horizonte auf. Auch jetzt, in dieser Unterrichtsstunde, fesselt es meine Aufmerksamkeit. Mein Verstand kann mühelos folgen, angeleitet von einem Menschen, der das Herz eines Lehrers hat. Bald fängt mein Inneres an zu schwingen: Wie überwältigend weise, wie tief, wie treffend ist dieses Wort! „Ich freue mich über dein Wort wie einer, der große Beute macht", zitiert mein Lehrer aus Psalm 119. Alles in mir stimmt dieser Aussage zu! Während ich auf meinem Platz in der letzten Reihe sitze, überflutet mich die Freude wie eine mächtige Welle.

Fünfundzwanzig Jahre sind seitdem vergangen. In diesem Vierteljahrhundert konnte ich die Beute – den Schatz – nach der ersten Entdeckerfreude genauer in Augenschein nehmen. Ich konnte einzelne Stücke ans Licht halten und auf ihre Echtheit hin prüfen. Dabei habe ich entdeckt: Nicht ein gefälschtes Teil ist darunter – der Schatz ist durch und durch echt!

Beute machen. Normalerweise bezeichnet „Beute" einen Reichtum, den wir einem anderen abjagen, uns vielleicht sogar widerrechtlich aneignen. Fordert Gott uns etwa dazu auf? Nein, natürlich nicht! Aber er fordert uns auf, keine falsche Zurückhaltung an den Tag zu legen. Beute ist begehrt, sie ist kostbar. Und wer darauf stößt, kann nicht lange zögern – er muss seine Hände ausstrecken und zugreifen.

In diesem Sinne können wir handeln wie Menschen, die auf Beutezug sind. Wir können sagen: „Ich will mir den Schatz dieses Wortes nicht entgehen lassen, will nicht achtlos daran vorbeigehen. Ich will nicht zögern und sagen: Später mal, wenn ich älter bin, wenn ich mehr Zeit habe, werde ich mich damit beschäftigen." Heute hält Gott uns sein Wort entgegen, heute können wir zugreifen.

Den Schatz heben. Haben wir den Schatz erbeutet, brauchen wir Zeit, um seinen Wert zu entdecken. Erinnern Sie sich an alte Abenteuerfilme? An jene Szenen, wo jemand mit großen Augen und klopfendem Herzen in die Beute greift und die Schätze durch seine Finger gleiten lässt?

Gott will uns mit seinem Reichtum vertraut machen, wenn wir uns Zeit nehmen, in der Schatzkiste des Wortes zu stöbern. Dabei kann es äußerst lohnend sein, nicht nur einzelne Abschnitte zu studieren, sondern ganze Teile der Bibel in einem Rutsch durchzulesen! Wir gewinnen dabei einen hilfreichen Überblick.

Auf der anderen Seite gilt: Gottes Wort ist so gehaltvoll, dass schon ein einzelner Satz uns ein paar Tage – oder länger – beschäftigen kann. Die Worte der Bibel sind wie kostbare Diamanten, geschliffen vom Heiligen Geist. Manch ein Bräutigam schenkt seiner Braut einen Solitär, einen einzeln gefassten Diamanten. In ähnlicher Weise will Gott uns mit Worten beschenken, die für uns eine besondere Bedeutung gewinnen sollen. Mit Psalm 32,8 zum Beispiel spricht er immer wieder in mein Leben hinein, wenn ich eine Entscheidung fällen muss; mit den Worten aus Johannes 10,10 sagt er mir zu, dass ich in eine prallvolle, lebenswerte Zukunft hineingehe.

Welche Solitäre hat Jesus, der himmlische Bräutigam, Ihnen geschenkt?

Den Reichtum einsetzen. Ein Diamant ist härter als Stahl, ein Werkzeug mit enormer Kraft! Auch das ist ein Merkmal des Wortes Gottes: Es hat die Kraft, unseren Alltag zu verändern – auch da, wo unsere eigenen Bemühungen gescheitert sind. Wo unsere besten Kräfte versagen und unsere guten Vorsätze nichts mehr ausrichten, zeigt uns die Bibel, dass wir aus einer übernatürlichen Kraftquelle schöpfen können. Sie macht uns Mut, uns vom Alltag nicht unterkriegen zu lassen, und bringt Gottes Weisheit in jeder Situation zur Sprache.

Immer und überall können wir auf unsere Beute zurückgreifen! Staunend werden wir dabei entdecken, dass unser Schatz bis ins Kleinste zu den Herausforderungen unseres Alltags passt: In jeder Situation wird Gottes Wort aufstrahlen wie ein Diamant, in dem sich das Licht des Himmels bricht.

Zum Leben

Gibt es in meinem Leben spezielle Situationen, in denen ich die Kraft des Wortes Gottes in besonderer Weise erlebt habe? Fällt mir ein bestimmtes Bibelwort ein, das mich ermutigt, die Herausforderungen des heutigen Tages anzugehen?

____

____

____

____

____

Zum Beten

Danke, Herr, dass du den Schatz deines Wortes nicht vor mir versteckst. Im Gegenteil, du möchtest, dass ich reiche Beute mache! Bitte hilf mir, nicht an dem Reichtum vorbeizugehen, den du mir anbietest. Und zeige mir, wie ich an jedem Tag aus deinem Wort das nehmen kann, was ich für mein Leben brauche.

Zum Weiterlesen

Gottes Wort ...

1. Tag: ... hilft mir, gute Entscheidungen zu treffen
Psalm 19,8-9

2. Tag: ... hat verändernde Kraft
Jesaja 55,8-11

3. Tag: ... ist so unverzichtbar wie das tägliche Brot
Matthäus 4,4

4. Tag: ... bringt Freiheit in mein Leben
Johannes 8,31-32

5. Tag: ... will mein Handeln prägen
Jakobus 1,22-25

6. Tag: ... fordert mich zu einem klugen Lebensstil auf
Matthäus 7,24-27

Wer auf das Wort merkt, der findet Glück; und wohl dem, der sich auf den Herrn verlässt!

Sprüche 16,20

In bunten Farben

Ingrid Heinzelmaier

Letztes Jahr zu Weihnachten habe ich mir eine neue Bibel gewünscht – in einem grünen Ledereinband und mit größeren Buchstaben. Ich brauchte sie, weil ich die kleinen Buchstaben meiner „Senfkornbibel“ beim besten Willen nicht mehr lesen konnte. Es war eine schwierige Entscheidung. Schließlich hatte die handliche kleine Bibel in jede Handtasche gepasst und mich überallhin begleitet!

Trotzdem konnte ich mich über „die Neue“ freuen: Ihre Seiten sahen so frisch und unberührt aus! Schwarze Lettern auf weißem Grund, ganz ohne Unterstreichungen und Randbemerkungen meinerseits. – Noch! Ich habe schnell wieder angefangen, die Bibel mit farbigen Markierungen zu „verzieren“. Das hatte ich bei meiner ersten Bibel vor dreißig Jahren schon so gemacht: Mit Rot markiere ich die Stellen, an denen ich spürte, dass Gott mich zu etwas auffordert. Zum Beispiel „Lobe den Herrn, meine Seele“ (Psalm 103,1) oder „Seid allezeit fröhlich, betet ohne Unterlass, seid dankbar in allen Dingen“ (1.Thessalonicher 5,16-18). Grün blicken mich hingegen Gottes Versprechen an: „Ich habe dich einen kleinen Augenblick verlassen, aber mit großer Barmherzigkeit will ich dich sammeln“ (Jesaja 54,7) oder: „Alle eure Sorge werft auf ihn; denn er sorgt für euch“ (1.Petrus 5,7). Gelb wiederum ist die Farbe, die mich an Gottes Heiligkeit erinnert, an das Reine und Makellose seines Wesens: „Ich bin das A und das O, ... der da ist und der da war und der da kommt, der Allmächtige" (Offenbarung 1,8). In Blau tauche ich schließlich alle Verse, die mit dem Getrennt-Sein von Gott zu tun haben, das unser Leben in dieser Welt prägt. Etwa: „Ich sage euch, dass die Menschen Rechenschaft geben müssen am Tage des Gerichts von jedem nichtsnutzigen Wort, das sie geredet haben" (Matthäus 12,36).

Mein Beruf als Radio-Redakteurin ist gleichzeitig meine Berufung. Er bringt es allerdings mit sich, dass ich oft hektisch herumlaufe – mit einer Menge unerledigter Aufgaben im Kopf und in meinem elektronischen Terminkalender. Immer ist da etwas Dringendes, das ich nicht vergessen darf. Oft gibt es eine ganze Reihe von Menschen, die ich anrufen sollte. Oder eine wichtige Sache, die ich dringend klären müsste.

Da fällt es mir nicht immer leicht, mich auf Gott zu konzentrieren. Auf das, was er mir sagen möchte, und auf die Aufgaben, die er für mich hat. Immer wieder muss ich erst zur Ruhe kommen und Gottes Gegenwart in meinem Leben neu wahrnehmen. Dann kann ich die Momente mit Gott genießen. Innere Unruhe ist eine schlechte Voraussetzung, um beim Lesen in der Bibel Gottes Reden zu erleben. Deshalb ist es mir persönlich eine Hilfe, beim Bibellesen erst mal rein mechanisch den Stift über das Papier zu führen. Die verschiedenen Farben machen mir dabei Freude, sie helfen mir außerdem, die Struktur des Textes zu erkennen. Wenn ich am Schluss noch einmal über dem Bibeltext bete, bleibe ich oft an einem bestimmten Gedanken hängen. Dann spüre ich: Das hat etwas mit meinem Leben zu tun. Hier klopft Gott an und möchte mich auf etwas aufmerksam machen. So ist mein „Arbeiten" am Text eine Vorbereitung dafür, dass Gott durch seinen Geist zu meinem Herzen sprechen kann.

Ich habe mit siebzehn Jahren angefangen, regelmäßig in der Bibel zu lesen. Dabei habe ich viele verschiedene Methoden ausprobiert: Ich habe die Bibel von vorne bis hinten durchgelesen. Ich habe biblische Bücher im Zusammenhang studiert. Oder mich an einen Bibelleseplan gehalten. Manchmal habe ich auch gelesen, was mich gerade interessierte. Ab und zu habe ich spontan die Bibel aufgeschlagen. Für mich ist es einfach wichtig, zwischen den Methoden zu wechseln. Außerdem sind mir die Gedanken und Eindrücke wichtig, die ich während des Lesens bekomme. Ich schreibe sie mir auf und lerne auch Bibelworte auswendig – manche immer wieder aufs Neue, weil ich vergesslich bin. Eines kann ich heute voller Überzeugung sagen: Ich bin glücklich darüber, dass ich früh auf den Rat gehört habe: „Lies die Bibel und bete darüber." Denn das hat meinem Leben und meinem Glauben Halt und Form gegeben.

Wenn mein „Lebensschiff" bislang auf einem guten Kurs geblieben ist, habe ich das Gottes Gnade zu verdanken. Aber die Bibel ist es, die mir hilft, diese Gnade wahrzunehmen und danach zu leben.

Wenn ich Gottes Wort lese, kommt es mir jedesmal so vor
wie ein ganz persönlicher Liebesbrief Gottes an mich.
Ich lese die Bibel, weil ich ihn,
der mir seinen Brief hinterlassen hat,
von Herzen lieb habe.

Elisabeth Mittelstädt

Zum Leben

Welche Erfahrungen mit Bibelworten und mit dem Bibellesen habe ich gemacht? Welchen Platz räume ich der Bibel in meinem Leben ein?

Zum Beten

Herr, du willst ganz persönlich zu mir reden. Mach mich immer wieder neugierig auf das, was du mir sagen willst. Hilf mir auch, die Hektik des Alltags hinter mir zu lassen und die Zeit mit dir zu genießen. Danke, dass dein Wort in „bunten Farben" strahlt, wenn ich bereit bin, auf dich zu hören!

Zum Weiterlesen

Gottes Wort ...

1. Tag: ... gibt mir Orientierung
   Psalm 119,104-105
2. Tag: ... deckt auf, was in meinem Innern vor sich geht
   Hebräer 4,12
3. Tag: ... weist mir den Weg zum Leben
   Johannes 6,66-69
4. Tag: ... wird niemals vergehen
   Jesaja 40,6-8
5. Tag: ... will in meinem Herzen Wurzeln schlagen
   Lukas 8,4-15
6. Tag: ... ist Jesus Christus selbst
   Offenbarung 19,11-13

Macht euch keine Sorgen! Ihr dürft Gott um alles bitten. Sagt ihm, was euch fehlt, und dankt ihm!
Philipper 4,6

In Gottes Hand geborgen

Helga Becker

Die Sommerferien brachen an. Während sich die anderen auf das süße Nichtstun freuten, machte sich meine Tochter auf die Suche nach einer Lehrstelle. In der Folgezeit flatterten uns so manche Absagen ins Haus, aber auch mehrere Einladungen zu Vorstellungsgesprächen und Einstellungstests.

Meine Tochter stellte sich unter anderem bei einer Firma in unserem Nachbarort vor. Dort gefiel es ihr auf Anhieb. Sie wollte diese Stelle sehr gerne haben. Da sie nicht die einzige Bewerberin war, musste sie sich jedoch gedulden. Außerdem standen immer noch zwei Antworten auf andere Bewerbungen aus. Wir warteten also. Währenddessen beteten wir inständig, dass Gott ihr die richtige Stelle schenken möge.

Und dann? Ja, und dann, am letzten Tag bevor die Firma in den Weihnachtsurlaub ging, kam ein Anruf: „Ich wollte Ihnen kurz Bescheid sagen, dass wir uns für Ihre Tochter entschieden haben. Alles Weitere klären wir im neuen Jahr. Frohe Weihnachten!" Können Sie sich vorstellen, wie sehr wir uns gefreut haben?

Beten – in jeder Lebenslage. Kurze Zeit später erfahre ich, dass bei einer guten Bekannten wieder bösartige Tumorzellen gefunden wurden. Dabei hatten wir so sehr dafür gebetet, dass sie die

Krankheit überwindet! Nun würde alles von neuem beginnen: Krankenhaus, Untersuchungen, Chemotherapie ...

So unterschiedlich sind die Situationen, in denen wir beten. Auf der einen Seite große Freude – auf der anderen Seite Sorge und Angst.

Was bedeutete das Gebet eigentlich für Jesus? Er zog sich oft in die Stille zurück, um mit seinem Vater zu sprechen – zu beten –, um ihm nahe zu sein. Das können wir in Lukas 5,16 und Lukas 6,12 nachlesen. Auch für uns ist es wichtig, diese Vater-Kind-Beziehung intensiv zu pflegen. Wir sollten uns Zeit nehmen, um in der Bibel zu lesen, weil wir so Gottes Charakter kennen lernen. Und um zu beten, weil wir dann persönlich mit ihm reden können.

Beten – voller Zuversicht. Als Jesus in Johannes 11,41-42 wegen seines verstorbenen Freundes Lazarus betet, sagt er: „Vater, ich danke dir, dass du mich erhört hast. Ich weiß, dass du mich allezeit hörst." Das ist doch erstaunlich! Jesus dankt Gott, ohne in Hektik zu verfallen – obwohl man das schon könnte angesichts der Tatsache, dass ein Freund gestorben und schon begraben ist! Und dabei ist Jesus sich ganz sicher, vom Vater erhört zu werden.

Ich möchte noch ein anderes Beispiel anführen: Nachdem Jesus zum letzten Mal mit seinen Jüngern gegessen hatte, betete er auch ein letztes Mal für sie (Johannes 17). Er bittet den Vater darum, dass sie bewahrt bleiben mögen. Und er möchte Hoffnung in ihren Herzen wecken, indem er betet: „Sie sind dein, und ich bin in ihnen verherrlicht. Andere werden durch ihr Wort an mich glauben. Du hast sie geliebt, wie du mich geliebt hast. Ich selbst werde in ihnen sein." Während die Jünger diese vertrauensvollen Worte hören, fließt Kraft in ihre besorgten Herzen: „Er glaubt an uns! Egal, was geschieht, wir werden es schaffen!"

Beten – als Ermutigung. Gebete können inneren Auftrieb geben. Ich möchte meiner kranken Bekannten Mut machen und ihr sagen, dass sie bei unserem starken und mächtigen Gott gut aufgehoben ist, dass er sie selbst in ausweglos erscheinenden Situationen nicht aus den Augen lässt und sich um sie kümmert.

Das Gebet war für Jesus die beste Gelegenheit, um seinen Glauben an Gott zu bekräftigen und um klare Aussagen über seinen Vater und die Menschen zu machen, für die er betete. Das Gebet vor den Jüngern war ein Ausdruck seines Vertrauens. Es war eine Chance, das betreffende Problem in Gottes mächtige Hände zu legen.

Beten – Gott meint es gut mit uns. Von diesen zuversichtlichen Gebeten möchte ich lernen. Und wenn ich mich auf die Suche nach dem Eingreifen Gottes in meinem Leben mache, dann staune ich, sobald ich entdecke, wo Gott in meinem Leben schon gehandelt hat. Das macht mir Mut, weiterhin auf ihn zu vertrauen. Das will ich auch meiner Bekannten ans Herz legen. Ich weiß: Gott meint es gut mit mir, mit ihr und auch mit Ihnen! Wir dürfen uns in seiner Hand geborgen fühlen – wir sind dort sehr gut aufgehoben.

Der Zweck allen Betens ist, Gottes Willen herauszufinden und diesen Willen zu unserem Gebet zu machen.

CATHERINE MARSHALL

Zum Leben

Wie viel Zeit nehme ich mir, um persönlich mit Gott zu sprechen? Wofür und für wen könnte ich heute beten?

Zum Beten

Danke, Vater, dass ich in jeder Lebenslage in deiner Hand geborgen bin. Lass mich von Jesus lernen, voller Zuversicht zu beten – selbst wenn eine Situation ausweglos erscheint. Erinnere mich bitte jeden Tag daran, die Beziehung zu dir zu pflegen. Eines weiß ich ganz gewiss: Du meinst es gut mit mir!

Zum Weiterlesen

Gott möchte, dass ich ...

1. Tag: ... in Einheit mit anderen bete
Matthäus 18,19-20

2. Tag: ... das Gebet nicht aufgebe
Lukas 18,1-8

3. Tag: ... im Gebet für andere einstehe
1. Timotheus 2,1-4

4. Tag: ... ohne Unterlass bete
1. Thessalonicher 5,16-18

5. Tag: ... mich beim Beten von seinem Geist leiten lasse
Römer 8,26-27

6. Tag: ... voller Zuversicht bete
1. Johannes 5,14-15

Du verstehst meine Gedanken von ferne.
Psalm 139,2

Mein Gespräch mit dem Vater

Ruth Heil

Unsere Familiensituation war aufs Äußerste gespannt. Die Antworten unserer Teenager waren einfach zu viel für mich! Mein Mann sah die Dinge viel lockerer und konnte besser damit umgehen. Dadurch vermisste ich die Unterstützung, die ich mir von ihm wünschte. Ich fühlte mich entsetzlich allein. Wie gefangen war ich von dem Gedanken, einfach wegzugehen, Abstand zu gewinnen, nicht mehr so ausgeliefert zu sein.

Schließlich packte ich meine Reisetasche und ging, ohne wirklich zu wissen, wohin. Zwei Nächte blieb ich fort, unglücklich, in mir selbst gefangen. Ich versuchte mit Gott zu reden, aber es schien, als wäre er weit weg. Als ich am zweiten Morgen aufwachte und Gott meine Verzweiflung brachte, spürte ich seine Nähe. Es war, wie wenn ein Chiropraktiker einen eingeklemmten Nerv wieder in die richtige Lage bringt. Der schlimme Schmerz wich, und ich merkte, wie Heilung über die inneren Wunden floss. Ich atmete auf.

Dieses Erlebnis löste tiefe Freude in mir aus. Meine Lebensumstände hatten sich zwar nicht geändert. Aber ich hatte wieder meinen Platz am Herzen des Vaters eingenommen und ich wusste: Sein Herz schlägt für mich.

Zu wem bete ich? Im Vaterunser sprechen wir Gott als „Vater“ an. Oft trüben unsere Erfahrungen mit irdischen Vätern diesen Begriff. Da gibt es Bilder von strafenden, jähzornigen, vielleicht sogar missbrauchenden Vätern. Andere Väter schweigen zu allem. Oder sind im Leben ihrer Kinder gar nicht erst vorhanden.

Gott ist anders! Wenn Jesus Christus von seinem Vater spricht, zeichnet er das Bild eines überaus barmherzigen Gottes, der mütterlich trösten kann und einem zerlumpten Sohn mit offenen Armen entgegenläuft. Oder er verwendet das Bild des Hirten, der 99 Schafe zurücklässt, um das eine verlorene zu suchen und nach Hause zu tragen. Zu diesem Vater bete ich.

Warum bete ich? Weil Gott mir ganz nah ist, wenn ich nur seinen Namen ausspreche. Ich weiß, dass ich ihm so wertvoll bin wie ein einziges Kind. Wenn ich mit ihm reden will, hört er mir zu. Und nicht nur das: Er versteht mich vollkommen. Da er mein Schöpfer ist, weiß er genau, wie ich es meine.

Manchmal sind seine Antworten für mich unverständlich. Es gibt sogar Zeiten, wo ich ihn frage, ob er überhaupt da ist. In denen er trotz einer schlimmen Not nicht so reagiert, wie ich es zu brauchen meine. Doch wenn ich auf mein Leben zurückschaue, sehe ich, dass viele Episoden seine Handschrift tragen, obwohl ich es zur damaligen Zeit nicht erkennen konnte.

Wo und wann bete ich? Überall, wo ich mich gerade befinde: Beim Essenkochen, im Auto, im Bett. Vor dem Zahnarztbesuch und vor Entscheidungen. In Traurigkeit und Freude, in Angst und beim Staunen über Gottes Größe. Es gibt aber auch besondere Orte, die ich zum Beten aufsuche. Da ist mein Schaukelstuhl, in dem ich mich wiege, um Gott für seine Hilfe zu danken. Manchmal auch, um ihm meinen Schmerz zu bringen über eine Sache, der ich hilflos gegenüberstehe. Oder mein Bett, vor dem ich abends knie, um zu danken. Zum Beispiel dafür, dass er über all denen wacht, die ich liebe. Dafür, dass er für all das sorgt, was ich durch meine Sorgen nicht verändern kann.

Wofür bete ich? Für alles, was mich bewegt, was mir geschieht, was durch meinen Kopf geht. Für mich ist es einfach entlastend, meine Gefühle bei Gott zu klären. Ein Alltagsgespräch kann so klingen: „Vater im Himmel, du hast gesehen, wie meine Bekannte eben weggeschaut hat, als ich sie auf der anderen Straßenseite erkannt habe. Ich weiß nicht, was los ist. Aber es tut mir weh. Kannst du mir bitte helfen, das in Ordnung zu bringen?"

Ich bete für mich selbst und bitte um Vergebung, wenn ich versagt habe. Dadurch muss ich nicht in ständigen Schuldgefühlen leben. Ich bete dann für Menschen, die mich gebeten haben, ihre Sorgen vor Gott zu bringen. Schließlich bete ich für alle Menschen und Dinge, mit denen ich Schwierigkeiten habe. Was für ein Geschenk ist es, nicht allein mit allem fertig werden zu müssen!

Was bedeutet mir das Gebet? Beim Beten erreiche ich das Herz des Vaters. Das ist wunderbar tröstlich und erfrischend. Diese Erfahrung wünsche ich Ihnen auch. Von Herzen.

Eine Mutter hörte dem Gebet ihrer vierjährigen Tochter zu.
Das kleine Mädchen bezog alle Familienmitglieder mit ein,
und anschließend betete es mit sehr lauter Stimme
für ein neues rotes Fahrrad zu seinem Geburtstag.
„Gott ist nicht taub, Liebes", sagte die Mutter.
„Ich weiß! Aber Großmutter sitzt draußen im Wohnzimmer
und sie wird mir das Fahrrad schenken."

ANONYM

Zum Leben

Kann ich Gott als einen liebenden Vater sehen, und nehme ich meinen Platz „an seinem Herzen“ ein? Wenn nicht – kann ich mit meinen Vorbehalten zu ihm gehen? Wie hat Gott in den letzten Wochen auf mein Gebet geantwortet?

Zum Beten

Lieber Vater, zu dir kann ich kommen, wie ich bin: mit meinen Sorgen, mit meiner Freude, mit verwirrten Gedanken, verletzten Gefühlen oder einem aufgeräumten Herzen. Danke, dass du mich vollkommen verstehst und meine Gebete sehr ernst nimmst.

Zum Weiterlesen

Im „Vaterunser“ lehrt Jesus mich, ...

1. Tag: ... zu erkennen, dass der allmächtige Gott gleichzeitig ein liebender Vater ist, an den ich mich immer wenden kann. *Matthäus 6,9a*

2. Tag: ... Gott zu ehren und ihm Lobpreis und Anbetung zu geben. *Matthäus 6,9b.13b*

3. Tag: ... um Gottes Herrschaft zu bitten und mich nach dem Willen des Vaters auszurichten. *Matthäus 6,10*

4. Tag: ... Gott zu sagen, woran es mir mangelt, und ihn um seine Gaben zu bitten. *Matthäus 6,11*

5. Tag: ... meinen Wunsch zu erneuern, Gott gehorsam zu sein, und seine Vergebung zu suchen. *Matthäus 6,12*

6. Tag: ... Gott um seinen Schutz vor Versuchungen und um die Überwindung des Bösen zu bitten. *Matthäus 6,13a*

Kommt her zu mir, alle, die ihr mühselig und beladen seid;
ich will euch erquicken.
Matthäus 11,28

Der Baby-Blues – postnatale Depression

DORTHE STIEPER

Ich hatte meinen letzten Artikel geschrieben, mein Büro aufgeräumt und mich von meinen Kollegen verabschiedet. Zugegeben, mir war ein bisschen seltsam zu Mute. Meine Arbeit als Journalistin bei einer christlichen Zeitschrift hatte bisher einen Großteil meines Lebens ausgemacht.

Doch dies war ein freudiger Tag, denn morgen begann mein Mutterschaftsurlaub. Ich hatte mir immer ein Baby gewünscht. Aber mein Mann und ich hatten die Hoffnung, Kinder zu bekommen, schon fast aufgegeben. An meinem dreißigsten Geburtstag jedoch konnten wir allen die gute Nachricht verkünden, dass ich schwanger war!

Einen Tag vor Weihnachten brachte ich unsere Tochter Nicoline zur Welt. Es war eine sehr schwierige Geburt. Nach zwei Stunden in den Presswehen holte ein Arzt Nicoline mit Hilfe eines Schröpfkopfes. Dabei platzten meine Vagina- und Rektumöffnungen. Rückblickend bin ich sicher, dass die schwierige Geburt und die körperlichen Folgeschäden Auslöser meiner postnatalen (nach der Geburt auftretenden) Depression waren.

Von Freude keine Spur. Das erste Jahr mit meinem Kind ähnelte einem Albtraum ohne Ende. Eigentlich hätte ich die glücklichste Frau der Welt sein müssen: Ich hatte einen großartigen Ehemann und ein süßes kleines Mädchen. Doch in meinem Herzen war keine Freude. Im Gegenteil – ich bedauerte, mir je ein Kind gewünscht zu haben. Nicoline schrie ständig, schlief schlecht und war kaum zu beruhigen. Ich war unendlich erschöpft und fühlte mich gefangen – unfähig, dem Gefängnis des Mutterseins zu entfliehen.

Als Nicoline gerade zwei Jahre alt geworden war, meinte mein Mann, wir könnten langsam an ein zweites Kind denken. Ich hatte jedoch schreckliche Angst, wieder schwanger zu werden. Denn ich war überzeugt, dass der Albtraum, durch den ich gerade erst gegangen war, sich wiederholen würde. Psychisch fiel ich in ein tiefes schwarzes Loch.

Ein paar Monate später brachte ein Streit zwischen meinem Mann und mir das Fass zum Überlaufen. Es ging um irgendeine Kleinigkeit, aber sie gab mir den Rest. Ich tat etwas, was ich noch nie zuvor getan hatte: Ich ging aus dem Haus, ohne mich mit meinem Mann versöhnt zu haben. Innerlich zerrissen lief ich durch Regen und Wind an einem Kanal entlang. Die Tränen strömten mir übers Gesicht.

Verzweifelter Hilferuf. In meinem Herzen kämpfte ich mit mir selbst, schrie zu Gott: „Herr, die letzten zweieinhalb Jahre sind ein einziger Schmerz gewesen. Ich habe komplett versagt – als Mutter, als Ehefrau und als Christin. Ich halte es nicht mehr aus!"

Etwa zwei Stunden später kehrte ich patschnass und durchgefroren nach Hause zurück. Ich ging ins Schlafzimmer, um mich hinzulegen. Mein Mann kam herein und setzte sich zu mir auf die Bettkante. Er sagte: „Ich habe mir große Sorgen um dich gemacht." Aus mir brach es heraus: „Peter, ich bin total kaputt. Ich habe das Gefühl, den Verstand zu verlieren. Bitte, bring mich in die Psychiatrie!"

Er nahm meine Hand und sagte: „Dorthe, du gehörst nicht in die Psychiatrie. Du gehörst hierher, zu Nicoline und mir. Du brauchst überhaupt nichts zu tun, außer da zu sein. Wir brauchen dich hier, denn wir haben dich lieb.“ Ich fing heftig an zu weinen. Es tat so gut zu hören, dass ich nichts zu leisten brauchte und trotzdem angenommen war. Unglaublich, dass mich mein Mann trotz meines Zustandes so sehr liebte!

Die große Erleichterung. Eine schwere Last fiel an diesem Tag von meinen Schultern. Meine Seele und mein Körper hatten unmissverständlich „Stopp!“ gesagt. Ich war eben nicht die Superfrau, die alles mit links erledigte, sondern eine ganz normale Frau. Eine von 25 Prozent, die postnatale Reaktionen durchlaufen! Es war hart, mich von meinem alten Selbstbild zu verabschieden und mich mit einer Dorthe anzufreunden, die *sowohl schwach als auch stark* sein konnte. Ich gestand mir unter anderem ein, nicht genügend Kraft zu haben, um Nicoline den ganzen Tag daheim zu behalten, und schickte sie in einen nahe gelegenen Kindergarten.

Hin und wieder erlebte ich zwar noch psychische Einbrüche, aber sie dauerten nicht mehr so lange. Gott hat mich und uns hindurchgetragen. Er ist es, der Heilung schenkt. Mein Leben lang hatte ich gehört, dass er uns bedingungslos liebt und tröstet. Ich hatte es sogar selbst weitergegeben – aber nie danach gelebt. Nun sehnte ich mich danach, Gott als den Vater kennen zu lernen, der seine verlorene Tochter in die Arme nimmt. Jetzt habe ich das Gefühl, die ersten Schritte auf jene leise, sanfte Stimme zu getan zu haben, die ruft: „Kommt her zu mir, alle, die ihr mühselig und beladen seid; ich will euch erquicken“ (Matthäus 11,28). Ich habe mich aufgemacht!

Zum Leben

Habe ich die Gewissheit, auch dann von Gott geliebt zu werden, wenn ich es kaum fertig bringe, mich selbst zu lieben? Bin ich bereit, mich von ihm heilen zu lassen?

Zum Beten

Vater, du liebst mich auch dann, wenn ich mich selbst kaum lieben kann. Du verstehst mich, wenn ich mir selbst ein Rätsel bin. Danke, dass ich keine Superfrau sein muss – vor dir darf ich schwach sein. Denn du trägst mich auf deinen Armen, wenn eine Strecke meines Lebens durch einen dunklen Tunnel führt.

Zum Weiterlesen

1. Tag: Woher weiß ich, dass Gott an meinen Problemen interessiert ist?
Psalm 62,9
2. Tag: Weiß Gott überhaupt, wie es ist, Gefühle zu haben?
Johannes 11,33-35
3. Tag: Wer steht mir zur Seite, wenn Angst in mir aufsteigt?
Psalm 138,7-8
4. Tag: Wie geht Gott mit Menschen um, die sich am Ende fühlen?
1. Könige 19,1-13a
5. Tag: Was passiert, wenn ich mit meiner Schwachheit zu Gott komme?
Psalm 34,5-9.19
6. Tag: Was hilft mir, an dunklen Tagen über die aktuelle Traurigkeit hinauszuschauen?
Psalm 116,1-9

Denkt doch nur an Hiob! Ihr habt alle schon gehört, wie geduldig er sein Leiden ertragen hat. Und ihr wisst, dass Gott in seiner Barmherzigkeit und Liebe alles zu einem guten Ende führte.

Jakobus 5,11 (Hfa)

Mein Weg aus der Depression

Joni Eareckson Tada

Der Unfall passierte im Sommer. Meine Schwester Kathy und ich waren an einem heißen Tag im Juli schwimmen gegangen. An einer unvermutet seichten Stelle sprang ich kopfüber ins Wasser und prallte sofort auf den Grund. Die Wucht des Aufpralls knackste einen Wirbel an und durchtrennte die Wirbelsäule. Von einem Augenblick zum anderen war ich gelähmt. Ich konnte weder Arme noch Beine bewegen.

Abstieg ins Dunkel. In den ersten Monaten nach meiner Verletzung hatte ich kaum Probleme mit depressiven Gefühlen. Vermutlich lag es daran, dass mich die neuen Erfahrungen ablenkten, die ein Krankenhausaufenthalt mit sich bringt: Besuche, Blumen und viele kleine Aufmerksamkeiten. Doch als die Wochen in der Klinik sich in die Länge zogen, wurde ich immer depressiver. Noch schwerer wurde die Depression, als mir die Unwiderruflichkeit meiner Lähmung bewusst wurde. Als ich diese Tatsache erkannte, erfasste mich ein verzweifeltes Gefühl tiefer Hoffnungslosigkeit: Keine Aussicht darauf, je wieder gehen zu können, je wieder meine Hände zu gebrauchen. Keine Hoffnung auf eine Ehe mit Kindern und all den Dingen, von denen ich als junges Mädchen träumte.

Erste Hoffnungsschimmer. Die Depression wurde offenbar dadurch verstärkt, dass ich meine wahren Gefühle lange unterdrückt hatte. Nach dem Klinikaufenthalt begann ich allmählich, mich einem kleinen, vertrauten Freundeskreis mitzuteilen. Die Annahme und Liebe, die ich dort erlebte, ließen einen großen Teil meiner Bitterkeit schmelzen und halfen mir, ehrlicher mit meiner Depression umzugehen. Zuerst wurde mir klar, dass es in Ordnung war, deprimiert zu sein. Ich stand mit meinen Gefühlen nicht allein. Auch Menschen der Bibel, etwa David, machten solche Erfahrungen. Dann begann ich aus dem Wort Gottes eine reale Hoffnung zu schöpfen: Ich erkannte, dass ich kein Spielball meiner Umstände war. Gott hat in seinem Wort erklärt, dass er souverän handelt und uns schützt. Und dass, wenn wir Gott lieben, aus allen Umständen letztlich positive Auswirkungen hervorgehen müssen (Römer 8,28). Ich war nicht das Opfer eines im Himmel ersonnenen monströsen Plans. Ich war keine Figur eines gigantischen Schachspiels und wurde auch nicht in einem kosmischen Ringkampf zwischen Gott und Satan zerrieben. Gott versicherte mir, dass er gute Gründe hatte für das, was er zuließ – auch, wenn ich sie nicht alle verstehen würde. Er versprach in seinem Wort nicht nur, dass sich für mich alles zum Guten auswirken solle, sondern, dass es auch zu seiner Verherrlichung dienen würde. In seiner Wahrhaftigkeit, Liebe und Gerechtigkeit konnte ich mich entspannen.

Verantwortung übernehmen. Gott zeigte mir, dass es meine Reaktion auf die Situationen meines Lebens ist, die in Ewigkeit zählen wird. Vielleicht liegt es nicht in meiner Verantwortung, dass ich im Rollstuhl gelandet bin, aber ich bin sehr wohl dafür verantwortlich, wie ich darauf reagiere.

Gott kennt unsere Verfassung. Er sammelt unsere Tränen. Er verbindet die Wunden derer, die zerbrochenen Herzens sind. Es freut ihn nicht, uns leiden zu sehen. Dennoch fordert er uns auf, verantwortlich zu reagieren. Ich musste aufpassen, nicht zum

Sklaven des Selbstmitleids zu werden und das Vergleichen zu lassen.

Vollkommene Heilung in Sicht. Das größte Plus für jeden Menschen, der infolge einer Verletzung mit Depressionen zu kämpfen hat, ist aber die Hoffnung, die wir haben. Wir haben die Gewissheit, dass die Dinge nicht immer so bleiben werden. Es gibt ein Licht am Ende des Tunnels. Nach den Tränen der Nacht folgt Freude am Morgen. Nach einer längeren Zeit des Kampfes habe ich wieder zur Freude gefunden – auch wenn die körperliche Behinderung blieb. Letztlich haben wir selbst angesichts einer schweren und bleibenden Behinderung oder unheilbaren Krankheit die Hoffnung auf den Himmel. Dort wird es eine Vervollkommnung und Verherrlichung unseres Körpers geben, und der Schmerz wird weggewischt werden.

Für mich war das Ringen mit Depressionen nicht leicht. Aber wie Hiob möchte ich im Blick auf meine unbeantworteten Fragen auf Gott vertrauen. Und ich glaube auf der Grundlage seines Wortes, dass meine Kämpfe ihren Platz haben und einer guten Absicht dienen.

Vertraue im Dunkeln,
vertraue im Licht,
vertraue des Nachts
und vertraue am Morgen,
und du wirst feststellen, dass der Glaube,
der vielleicht unter großer Anstrengung beginnt,
früher oder später
eine leichte und natürliche Angewohnheit
der Seele wird.

HANNAH WHITALL SMITH

Zum Leben

Gott lädt mich ein, ihm in *allen* Umständen und Lebenssituationen zu vertrauen. Wo fällt mir dieses Vertrauen leicht, wo fällt es mir schwer? Wo kann ich ihn nicht verstehen? Worum könnte ich Gott im Blick auf diese Dinge bitten?

Zum Beten

Danke, Herr, dass du mich niemals allein lässt – auch dann nicht, wenn ich deine Nähe nicht spüren kann. Hilf mir, darauf zu vertrauen, dass am Ende des Tunnels das Licht scheint. Gib mir den Mut, die Hilfe anderer anzunehmen, und zeige mir, welche Schritte ich selbst gehen kann. Danke, dass dir nie etwas aus den Händen geglitten ist! Deine Liebe und Treue halten mich fest.

Zum Weiterlesen

1. Tag: Geborgen wie in Mutterarmen
Jesaja 66,13a
2. Tag: Warum Vertrauen sich lohnt
Hebräer 10,35-36
3. Tag: Wenn unbeantwortete Fragen quälen
Johannes 16,22-23
4. Tag: Alles wird gut – nur ein frommer Wunsch?
Jesaja 35,4-7
5. Tag: Heilung für meine Seele
Psalm 147,1-6
6. Tag: Was Gott mir verspricht
Jesaja 57,15.18-19

Ich bin der Herr, dein Arzt.
2. Mose 15,26

Heilung, auf die es sich zu warten lohnt

Sarah Koeshall

Es war ein schöner Tag im Februar. Meine Mutter und ich packten meine Koffer voll mit medizinischen Instrumenten. Seit über drei Jahren waren ganze Schränke bei uns mit Infusionsschläuchen, Infusionsbeuteln, Nadeln, Spritzen, Medikamenten und medizinischen Handschuhen gefüllt gewesen. Nun war alles zusammengepackt. Ich brachte alle diese Dinge zu meinem Chirurgen, damit er sie weitergeben konnte, denn ich hatte keine Verwendung mehr für sie ...

Drei Jahre lang war ich über Schläuche ernährt worden; entweder intravenös in Form von Infusionen oder über Sonden. Obwohl die Ärzte auf jede erdenkliche Weise, durch Operationen und Medikamente, versucht hatten, mir das Essen wieder zu ermöglichen, war die Situation immer hoffnungsloser geworden. Doch auch in dieser Zeit hatte ich immer wieder die tröstende Gegenwart Gottes gespürt.

Gott steht uns bei. Durch meine Krankheit, eine von Hyperganglionose verursachte Pseudo-Verstopfung, war ich in meinen täglichen Aktivitäten sehr eingeschränkt. Ich hatte oft Schmerzen und wurde im Laufe des Tages immer müder. Zu Mittag wollte ich gewöhnlich nur noch allein sein, weil es zu schwierig war, durch den Nebel der Müdigkeit Gespräche zu führen. Gott aber war während dieser Zeit nicht stumm; er sprach zu mir persönlich oder durch andere Menschen. Viele beteten fortwährend für mich. Ihre Gebete waren mein Sicherheitsnetz, sie gaben mir die Gewissheit, dass Gott alles unter Kontrolle hatte. Gott wollte, dass ich auf ihn wartete. Auf Gott zu warten bedeutete, dass sich etwas ereignen würde, auf das es sich zu warten lohnt.

Gott tut medizinische Wunder. Plötzlich, nach zwei Jahren des Wartens, begannen einige Dinge zu geschehen. Als der Chirurg bei meiner letzten Operation wieder meinen Unterleib öffnete, stellte er erschrocken fest, dass ich einen vollständigen Dickdarm hatte. Er war mit gutem Grund erschrocken, denn er selbst hatte bei der vorhergehenden Operation achtzig Zentimeter davon entfernt! Gott, der Schöpfer, hatte ihn ersetzt. Noch immer konnte ich nicht essen, mein Zustand hatte sich also nicht gebessert, aber Gott hatte mir einen vollständigen Dickdarm gegeben.

Vier Monate später befand ich mich weit weg von zu Hause in den Händen eines neuen Arztes. Das war sehr schwierig für mich, weil ich das Vertrauen meiner Ärzte gewonnen hatte. Nun wurde ich von einem anderen Spezialisten skeptisch getestet. Als ich im Warteraum meine Kleider ablegte, hob ich meinen Kopf und betete: „Gott, du bist der große Arzt. Sie suchen nur nach Antworten, doch du hast sie bereits. Egal, was sie mit mir machen, wenigstens weiß ich, dass es jemanden gibt, der nicht verwirrt ist, und dass du bei mir sein wirst, egal zu welchen Ärzten ich gehe.“

Gott schenkt Heilung. Wie ich erwartet hatte, bestand dieser Arzt darauf, die gleiche Testserie zu wiederholen, die die Ärzte zu Hause bereits abgeschlossen hatten. Nach einem anstrengenden Tag voller Tests saß ich in seinem Büro und wartete auf die Ergebnisse. Er lehnte sich in seinem Sessel zurück und sagte: „Sie sind völlig normal, und ich möchte, dass Sie wieder essen.“ Dieselben Tests, die mir damals meine Unfähigkeit zu Essen attestiert hatten, bewiesen nun, dass ich wieder essen konnte! Ich hatte Angst vor dem Versuch, wieder zu essen. Aber sobald ich angefangen hatte, griff Gott ein und führte den Heilungsprozess zu Ende. Der Schmerz, der jeden Arzt, den ich aufgesucht hatte, verwirrt hatte, war mit den ersten Bissen verschwunden. Von diesem Zeitpunkt an habe ich keine Medikamente mehr genommen und konnte wieder alles essen.

Gott hat einen Plan. Es ist nun sieben Jahre her, dass ich das Geschenk bekam, wieder essen zu können. In dieser Zeit hat sich viel getan. Inzwischen habe ich geheiratet und meine Ausbildung zur Krankenschwester beendet.

Obwohl viele Jahre vergangen sind, möchte ich die Zeit meiner Krankheit nicht vergessen. Ich kann es auch gar nicht, denn es gibt einfache Dinge, die mich noch manches Mal daran erinnern: Essen und Trinken, Jogginghosen (trug ich die ganze Zeit im Krankenhaus), Blumen, frische Luft und der Schmerz anderer Menschen. Aber all das macht mir bewusst, wie wertvoll das Leben ist. Das möchte ich niemals vergessen. Denn Gott hat seine Arbeit in meinem Leben nicht damit beendet, dass er mich körperlich geheilt hat. Nein, es bedeutet nur, dass er einen größeren Plan für den Rest meines Lebens hat, auf den es sich ganz bestimmt zu warten lohnt.

Zum Leben

Wie reagiere ich, wenn mich persönliches Leid trifft? Kann ich es als Teil eines größeren Plans akzeptieren? Bin ich bereit, auf Gottes Zeitpunkt für sein Eingreifen zu warten? Kenne ich die Erfahrung, dass mir zunächst leidvolle Situationen im Nachhinein sehr Wertvolles geschenkt haben?

Zum Beten

Danke, Herr, dass du einen guten Plan für mein Leben hast. Du kennst das Ziel, zu dem ich unterwegs bin. Und du kommst mir entgegen, während ich auf dich warte. Hilf mir, die Hoffnung auf dein Eingreifen nicht aufzugeben. Und schenk mir, daran festzuhalten, dass du ein Gott der Heilung bist – auch wenn mein Körper oder meine Seele schmerzt.

Zum Weiterlesen

Jesus hat kranken Frauen Gutes getan ...

1. Tag: ... Er heilte die Schwiegermutter des Petrus. *Markus 1,29-31*
2. Tag: ... Er weckte die Tochter des Jairus auf. *Markus 5,22-24.35-43*
3. Tag: ... Er heilte die chronisch kranke, blutflüssige Frau. *Markus 5,25-34*
4. Tag: ... Er richtete die verkrümmte Frau auf. *Lukas 13,10-13*
5. Tag:. ... Er heilte alle Kranken, die zu ihm kamen. Er will auch mir Gutes tun. *Matthäus 8,16-17*
6. Tag: ... Er vergisst mich nicht, wenn ich auf sein Eingreifen warte. *Sprüche 10,28a*

Preise den Herrn, meine Seele, und vergiss nicht alle seine Wohltaten! Der da vergibt alle deine Sünde, der da heilt alle deine Krankheiten.

Psalm 103, 2-3 (EB)

Gott bricht das Schweigen

DUANE MILLER

„Spasmodische Dysphonie“, sagte der Arzt. „Spasmo ... – was?“ „Spasmodische Dysphonie. So lautet unsere Diagnose.“ „Was bedeutet das?“, wollte ich wissen. „Welche Heilungschancen gibt es?“ „Überhaupt keine“, erwiderte der Doktor und schüttelte bedauernd den Kopf. „Sie werden in absehbarer Zeit völlig stumm sein.“

Es war, als hätte man mir eine Kugel durch den Hals geschossen. Die besten Ärzte der Welt hatten tagelang zusammengesessen und über meine Situation beraten, und das Ergebnis? Null!

Es hatte mit einer Grippe angefangen. Nach fünf Tagen waren alle Symptome verschwunden – bis auf fürchterliche Halsschmerzen. Meine Stimme hatte sich in ein heiseres Flüstern verwandelt. Der Arzt verordnete mir eine sechsmonatige Ruhepause. Aber es wurde nicht besser. Als Hauptpastor einer großen Gemeinde musste ich mich daran gewöhnen, meine Predigten zu krächzen. Und nun sollte ich meine Stimme ganz verlieren.

Lektionen in der Tiefe. Ich hatte nie gewusst, wie wichtig die Stimme für das alltägliche Leben ist. Solange man sie hat, merkt man gar nicht, wie oft man sie benutzt. Wenn sie aber nicht mehr da ist, wundert man sich darüber, wie begrenzt man plötzlich ist.

Wenn meine Kinder Dummheiten machten, konnte ich sie nicht durch ein Machtwort zur Räson bringen; ich musste hingehen und mit den Händen gestikulieren, damit sie auf mich aufmerksam wurden. Sich telefonisch zu unterhalten war praktisch unmöglich. Es war, als ob ich in ein tiefes dunkles Loch fallen würde, ohne die Hoffnung, je wieder herauszukommen.

Ein Tag wie jeder andere? Am 17. Januar 1993, einem Sonntagmorgen, wachte ich mit dem Gefühl auf, meiner Gemeinde weniger weitergeben zu können als je zuvor in meinem Leben. Meine Stimme war merklich schlechter als sonst, und es fiel mir wesentlich schwerer, ein heiseres Flüstern herauszubringen.

Mein Text an diesem Morgen war Psalm 103 entnommen: „Preise den Herrn, meine Seele, und vergiss nicht alle seine Wohltaten! Der da vergibt alle deine Sünde, der da heilt alle deine Krankheiten." Nachdem ich mit Hilfe eines Spezialmikrophons die ersten drei Verse ausgelegt hatte, kam ich zu Vers 4, wo es heißt: „Der dein Leben erlöst aus der Grube." Endlich ein Vers, mit dem ich mich identifizieren konnte! Ich wusste genau, was eine „Grube" war, steckte ich doch ganz tief in einer drin.

Überraschung vom Himmel. Mein Hals tat mir inzwischen sehr weh. Ich bezweifelte, meine Auslegung überhaupt zu Ende führen zu können. Nachdem ich Vers 4 gelesen hatte, sagte ich: „Wir alle, ihr und ich, haben gewiss schon unsere ‚Grubenerfahrungen' gemacht." Kaum hatte ich das Wort „Grube" ausgesprochen, da ließen die Hände, die meine Kehle über drei Jahre lang zugedrückt hatten, plötzlich los. Ein Raunen ging durch die Menge. War meine Stimme wieder da? Es *hörte* sich an wie meine Stimme, es *fühlte* sich an wie meine Stimme, es kam aus meinem Mund ... Die Zuhörer reagierten mit Klatschen und Jubeln, Lachen und Weinen, und meine wiederhergestellte Stimme brach vor innerer Bewegung. „Ich verstehe das alles im Moment noch nicht", sagte ich. „Ich – ich bin einfach überwältigt." Ich kam mir vor wie Lazarus. Gott hatte mich zu neuem Leben erweckt. Am liebsten hätte ich gelacht, geweint, gesungen, gejauchzt, getanzt und die ganze Welt umarmt – natürlich alles auf einmal.

Das Wunder zieht Kreise. Was mit meiner Stimme passiert war, berührte unzählige Menschen. Leute in meiner Stadt wurden dadurch Christen. Die Telefonleitungen liefen heiß von der wunderbaren Neuigkeit, und überall riefen die Menschen aus: „Gelobt sei Gott!"

Ich persönlich habe dabei gelernt: Keine „Grubenerfahrung" dauert ewig. Früher oder später, auf die eine oder andere Weise, wird Gott die Finsternis durchbrechen und das Licht wird wieder leuchten. Unverdient und aus purer Gnade. Selbst als mein innerer Schmerz so groß war, dass er meine Fähigkeit verdunkelte, Gottes Liebe zu spüren, war seine Liebe dennoch da. Der Verlust meiner Stimme und der Druck auf meinem Hals konnten die Tatsache nicht ersticken, dass Jesus für mich gestorben ist.

Auch Ihre „Grubenerfahrung" wird eines Tages zu Ende sein, wenn Sie an Jesus Christus glauben. Mag sein, dass Ihr Körper nicht geheilt wird, so lange Sie hier auf der Erde sind. Doch für den, der sich Jesus Christus anvertraut hat, wird der Tag kommen, an dem, wie bei mir, das Licht in die Seele dringen und Probleme sich in nichts auflösen werden. Ganz plötzlich werden Sie frei sein! Das ist nicht mein Versprechen, sondern Gottes Zusage. Und was Gott zusagt, das hält er gewiss!

Zum Leben

Welche Grubenerfahrungen gab oder gibt es in meinem Leben? Was hilft mir, Gott trotzdem zu preisen?

____

____

____

____

Zum Beten

Ich preise dich Herr, denn du hast Macht über die Krankheit. Ich preise dich, weil deine Hand auch in die tiefste Grube reicht, um mich herauszuholen. Eines Tages – hier auf der Erde oder im Himmel – wird auch meine „Grubenerfahrung" zu Ende sein. Dafür danke ich dir.

Zum Weiterlesen

1. Tag: Was sagt die Bibel über Gottes Möglichkeiten, mit aussichtslos scheinenden Situationen fertig zu werden?
Hiob 42,1-2

2. Tag: Wer kann mir ein Vorbild darin sein, Gott um Heilung zu bitten?
Jeremia 17,14

3. Tag: Gibt es auch Hoffnung, wenn ich seit Jahren chronisch krank bin?
Johannes 5,2-9

4. Tag: Was berechtigt mich dazu, um Heilung zu beten?
Jakobus 5,14-16

5. Tag: Welche Reaktion ist angemessen, wenn Gott einen Menschen geheilt hat?
Lukas 17,11-19

6. Tag: Worauf kann ich vertrauen, wenn ich in diesem Leben nicht geheilt werde?
Offenbarung 22,1-2

Freut euch in dem Herrn allewege!
Philipper 4,4

In der Freude leben

Sheila Walsh

Früher wollte ich eine perfekte Christin sein. Meine Popularität als Gospel-Sängerin und Fernsehfrau nutzte ich, um anderen von Gott zu erzählen. Aber der Versuch, immer ein freundliches Lächeln auf meinem Gesicht zu haben, kostete mich alle Kraft – bis ich schließlich in einer meiner Talkshows zusammenbrach. Da war ich nun, die Vorzeigechristin, in der Psychiatrie. Diagnose: ernste klinische Depression. Doch dann entdeckte ich, dass meine Zerbrochenheit mir viel mehr half, eine Brücke zu anderen zu schlagen, als mein vorheriges intaktes Erscheinungsbild. Ich stellte fest, dass einige von Gottes wertvollsten Geschenken in Verpackungen kommen, die uns die Hände blutig machen. Aber drinnen versteckt sich etwas, auf das wir unser Leben lang gewartet haben!

So war es auch mit der Freude: In meiner Krise entdeckte ich eine Freude an Gott und am Leben, die ich bis dahin nicht gekannt hatte. Ich bin davon überzeugt, dass diese Freude für jeden von uns bereitsteht.

Worauf konzentriere ich mich? Wir gehen oft von der Vorstellung aus, dass Gott uns nur dann richtig liebt, wenn alles glatt läuft. Wenn uns das Leben schwierig erscheint, haben wir schnell das Gefühl, dass er uns nicht mehr liebt. Aber das stimmt nicht. Reichen Sie Gott die Hand! Er ist am Werk. Die Autorin Mayo

Mathers drückt es so aus: „Wir können eine ‚göttliche' Zufriedenheit erlangen. Es kommt darauf an, auf was wir uns innerlich konzentrieren: auf das, was Gott *nicht* getan hat, oder auf das, was er *getan* hat."

Sie können eine Menge dazu tun, um Freude und Zufriedenheit in Ihrem Leben zu erleben! Lesen Sie einmal Philipper 4,4-6: „Sorgt euch um nichts, sondern in allen Dingen lasst eure Bitten in Gebet und Flehen mit Danksagung vor Gott kundwerden!" Sie können beten und Gott danken – noch bevor er auf Ihre Bitte geantwortet hat! Dann werden Sie die göttliche Freude und Zufriedenheit erleben. Paulus fährt fort: „Und der Friede Gottes, der höher ist als alle Vernunft, bewahre eure Herzen und Sinne in Jesus Christus."

Wann habe ich Gott das letzte Mal „danke schön" gesagt? Zwei Worte, die das Leben desjenigen ändern können, der sie ausspricht. „Danke schön!" heißt, dass wir die Grenzen unseres Lebens anerkennen. „Danke schön!" heißt, dass wir aufmerksam sind. Es heißt, dass unser Leben von einem anderen innerlich angerührt worden ist und wir das nicht für selbstverständlich halten.

Aber wenn Frau Walsh wüsste, wie es in meinem Leben aussieht ... Vielleicht betrachten Sie gerade Ihr eigenes Leben, und Ihr Herz sagt Ihnen: „Ich kann einfach nicht dankbar sein und mich freuen, ich schaffe es nicht!" Hören Sie sich folgende Worte von Paulus einfach einmal an: „Lass dir an meiner [Gottes] Gnade genügen; denn meine Kraft ist in den Schwachen mächtig" (2. Korinther 12,9). Sie haben Recht! Sie können es nicht schaffen, und ich kann es auch nicht schaffen. Wir müssen es nicht aus eigener Kraft schaffen. Werfen Sie sich einfach auf Gott und seine Gnade. Bitten Sie ihn, Ihnen seine Liebe zu zeigen. Geben Sie ihm Raum, damit er bei Ihnen einziehen kann. Lassen Sie zu, dass Gott Sie lieben darf. Und dann legen Sie mit dem Dank los, noch bevor Sie etwas spüren!

Wofür kann ich denn danken? Nehmen Sie sich einmal jeden Tag Zeit, um fünf kleine oder große Dinge aufzuschreiben, für die Sie Gott heute danken können. Vielleicht führen Sie sogar ein Dank-Tagebuch. Wenn Ihnen einmal nichts einfallen will, können Sie in Ihren Aufzeichnungen herumstöbern und Ihre Gedanken neu anregen lassen.

So viel von dem Geschenk der Freude hat mit unserer Einstellung gegenüber den kleinen Momenten des Tages zu tun. Überlegen Sie mal: Wenn Sie wüssten, dass heute Ihr letzter Tag wäre, wie würde das diese Stunden verändern? Freude erwächst aus unserer täglichen Entscheidung, die unwichtigen Dinge loszulassen und uns über die wichtigen Dinge mit dankbarem Herzen zu freuen. Denn Dankbarkeit zieht uns nach oben – hin zur Freude.

Welch Freude!
Wirf deine Hände in die Luft und tanze im Gras.
Lache wie ein Baby und weine wie ein Heiliger.
Dann fall auf deine Knie und bete an.
Das Leben ist gut!
Gott ist gut!
Freue dich, Welt!

Zum Leben

Wünsche ich mir, die Freude zu entdecken, die aus der Dankbarkeit wächst? Wofür könnte ich Gott gerade jetzt „danke schön" sagen?

____

____

____

____

____

Zum Beten

Herr, ich bin froh, dass ich aus mir heraus keine Freude produzieren muss – ich kann das auch gar nicht. Aber du willst mir Freude schenken. Bitte zeige mir durch deinen Geist, wofür ich dir heute danken kann. Und lass aus den Samenkörnern der Dankbarkeit eine blühende Freude sprießen!

Zum Weiterlesen

Trotz allem Schmerz ...

1. Tag: ... bleibt Gott die Quelle meiner Freude
Psalm 73,23-28

2.Tag: ... will Gott die Tränen trocknen
Psalm 30,1-6

3. Tag: ... wird mein Lob wieder zum Himmel steigen
Apostelgeschichte 16,23-25

4. Tag: ... gibt die Freude an Gott mir neue Kraft
Nehemia 8,10-12

5. Tag: ... öffnet der Dank eine neue Perspektive
Psalm 50,23

6. Tag: ... möchte Gott mir unvergängliche Freude schenken
Jesaja 35,10

Die auf ihn sehen, werden strahlen vor Freude.
Psalm 34,6

Mehr als ein „Schmetterlingsgefühl“

Saskia Barthelmess

Als ich erfuhr, welcher Vers für die Taufe meiner Nichte Lara Amelie ausgesucht worden war, dachte ich sofort: Was für eine schöne Verheißung! „Die auf ihn sehen, werden strahlen vor Freude.“ Das wollte auch ich zu meinem Lebensmotto machen.

Seitdem begegnet mir das Thema „Freude“ immer wieder. Doch leider muss ich zugeben, dass ich so meine Schwierigkeiten damit habe. Gelegentlich ertappe ich mich dabei, die Dinge, die um mich herum geschehen, sehr negativ zu beurteilen. Neulich zum Beispiel. Mein Mann telefonierte gerade mit Freunden, um ihnen von unserer neuen Wohnung zu erzählen. „Die ist doppelt so groß wie die alte“, schwärmte er. Ich dachte mir im Stillen: „Ja, und man braucht doppelt so lange, um sie zu putzen.“ „Wir haben sogar ein Stückchen Garten“, fuhr er fort. Gleich fügte ich in Gedanken hinzu: „Aber das Gras ist total vertrocknet, und es steht jede Menge altes Zeug herum.“ Plötzlich merkte ich, dass ich in einem negativen Gedankenkreislauf gefangen war. Mit dieser Einstellung wäre mir selbst die Wohnung des Herausgebers von „Schöner Wohnen“ nicht gut genug erschienen!

Freude – unabhängig von Umständen. Vor einiger Zeit hörte ich eine Geschichte, die mich sehr zum Nachdenken gebracht hat: Auf einer Baustelle arbeiteten drei Männer. Eines Tages kam ein Spaziergänger vorbei und fragte den ersten, was er denn da tue. Der Mann antwortete: „Ich setze einen Stein auf den anderen." Der Spaziergänger ging weiter und traf auf den nächsten Arbeiter. „Was machen Sie denn da?", fragte er ihn. „Ich ziehe eine Mauer hoch", bekam er zur Antwort. Schließlich sprach der Spaziergänger den dritten an. Der wischte sich den Schweiß von der Stirn, schaute hoch und sagte: „Ich baue eine Kathedrale."

Viele Menschen glauben, ihre Freude sei abhängig von dem, was sie haben oder sind. Doch Gottes Wort lehrt uns etwas anderes. Da wird uns zum Beispiel vom Apostel Paulus berichtet, der in seinem Leben nicht viel zu lachen hatte und trotzdem voller Freude war. Damit ist allerdings weder ein „Schmetterlingsgefühl" im Bauch noch ein Dauergrinsen auf dem Gesicht gemeint. Die Freude, die Gott uns schenken möchte, erwächst aus unserer Beziehung zu ihm. Sie hat die Macht, alle schwierigen Umstände zu überwinden. Wer durfte das nicht schon erleben: Mitten in einer komplizierten oder sinnlos erscheinenden Situation strahlt plötzlich eine Freude auf, die mit dem Verstand nicht zu erklären ist?

Freude – der Blickwinkel macht's. Doch wie kann es gelingen, dass die Freude in unserem Leben zum „Dauerbrenner" wird? Ich habe die Erfahrung gemacht, dass mir oft die Freude vergeht, wenn ich mich nur auf das konzentriere, was um mich herum passiert. Sehe ich den großen Wäscheberg oder das trübe Regenwetter, dann schleicht sich die Unzufriedenheit in mein Herz und lässt mich oft den ganzen Tag nicht mehr los. Da hilft nur, meinen Blick nach oben zu richten. Wenn ich mir bewusst mache, dass Gott da ist und mir die Kraft schenken möchte, meine Aufgaben zu bewältigen, bin ich der Freude schon ein ganzes Stück näher.

Freude – Inseln im Alltag schaffen. Trotzdem gelingt es natürlich nicht immer, „vor Freude zu strahlen". Immer wieder gibt es Momente, die uns die Laune verderben wollen – oft gerade im Alltag. In solchen Fällen haben sich bei mir „Freude-Inseln" bewährt. Wenn mir zum Beispiel vor einem langen Putztag graut, plane ich mir fest eine Stunde ein, in der ich einen heißen Milchkaffee trinke und mich faul aufs Sofa lege, um ein Kapitel in einem guten Buch zu lesen. Andere versüßen sich vielleicht den Arbeitsbeginn am Montag mit einem besonders leckeren Frühstück oder gönnen sich nach einem stressigen Einkauf eine Zeitschrift oder einen schönen Blumenstrauß.

Ich glaube, dass wir Gottes Vorstellung von einem freudigen Leben einen großen Schritt näher kommen, wenn wir begreifen, dass Freude kein *Gefühl*, sondern eine *Entscheidung* ist. In jedem Moment kann ich mich bewusst dafür entscheiden, die Freude willkommen zu heißen – auch wenn alles um mich herum dagegen zu sprechen scheint. Das heißt nicht, dass ich krampfhaft versuchen soll, endlich froh zu sein. Das brauche ich auch gar nicht. Denn Gott ist der Geber aller guten Gaben, und dazu zählt – welch eine Freude – auch die Freude!

Ein lächelnder Mund ist eine Kurve,
die dazu hilft,
Dinge gerade zu rücken.

Zum Leben

Gibt es Bereiche in meinem Leben, die ich als freudlos empfinde? Bin ich offen für die Freude, die Gott mir schenken möchte? Wie könnte sie sich gerade in den „freudlosen Ecken“ meines Lebens bemerkbar machen?

____

____

____

____

____

Zum Beten

Danke, Herr, dass du der Erfinder der Freude bist. Ich wünsche mir, ein Leben in der Freude zu führen. Bitte schenke du mir ein Herz, das die schönen und wertvollen Momente des Lebens erkennt und das fähig ist, Freude zu empfinden und weiterzugeben. Und richte meinen Blick auf die unvergängliche Freude, wenn die Umstände alles andere als rosig sind.

Zum Weiterlesen

1. Tag: Kleine und große Freuden genießen
Prediger 9,7-9
2. Tag: Vollkommene Freude finden
Johannes 15,9-11
3. Tag: Freude – selbst in harten Zeiten
Jakobus 1,2-4
4. Tag: Freude – auch wenn mir vieles genommen wird
Hebräer 10,32-34
5. Tag: Freude – was in Jesu Augen ein Grund dazu ist
Lukas 10,17-20
6. Tag: Selbst der Himmel braucht die Freude
Lukas 15,1-7

Er wird alle ihre Tränen trocknen,
und der Tod wird keine Macht mehr haben. Leid,
Angst und Schmerzen wird es nie wieder geben;
denn was einmal war, ist für immer vorbei.
Offenbarung 21,4 (Hfa)

Der Schmerz hat nicht das letzte Wort

Imke Johannson

Das Kind in meinem Bauch war tot.

Während einer Ultraschalluntersuchung in der 21. Schwangerschaftswoche brach für mich eine Welt zusammen. Zuerst konnte ich es gar nicht glauben, aber die Realität holte mich bald ein. Denn am nächsten Tag musste ich zum Einleiten der Geburt ins Krankenhaus.

Die körperlichen Schmerzen dabei führten mir brutal vor Augen, dass meine Schwangerschaft zu Ende war. Mittendrin abgebrochen. Mein Kind wurde mir einfach entrissen, ohne dass ich es je im Arm halten, geschweige denn sehen würde. Der Frauenarzt hatte mir noch gesagt, ich sollte das Baby eher als ein „Schwangerschaftsprodukt" betrachten. Aber durch unser erstes Kind wusste ich genau, was mir genommen wurde. Was blieb, waren innere Leere und Schmerz.

Bleibender Trost. Die Zeit nach der Fehlgeburt war hart. Mich überfiel eine tiefe Traurigkeit. Manchmal fühlte ich mich von der ganzen Welt verlassen. Nur bei Gott fand ich immer wieder

Trost, ich spürte, dass er mich ganz fest bei sich hielt. Schon einmal, nach dem Tod meiner Mutter, musste ich durch eine tiefe Trauerphase gehen. Damals war es für mich sehr schmerzlich, nicht immer das Gefühl von Gottes Nähe zu haben. Doch ich habe gelernt, seine Treue nicht an meinen Gefühlen, sondern an seinen Zusagen festzumachen. Eine davon steht auf den letzten Seiten der Bibel: „Er wird alle ihre Tränen trocknen, und der Tod wird keine Macht mehr haben. Leid, Angst und Schmerzen wird es nie wieder geben; denn was einmal war, ist für immer vorbei" (Offenbarung 21,4). In dem, was Gott für seine neue Welt verspricht, können wir ihm auch jetzt schon vertrauen. Er möchte und wird uns trösten. Das Leid, das wir im Laufe unseres Lebens ertragen müssen, kann schrecklich sein. Aber im Gegensatz zu Gottes Kraft und Liebe ist es begrenzt.

Der Weg hindurch. Im Allgemeinen lässt sich die Zeit der Trauer in verschiedene, aufeinander folgende Phasen einteilen: Am Anfang steht die Schockreaktion – wir können einfach nicht glauben, dass der geliebte Mensch gestorben ist. Danach bricht oft ein richtiges Gefühlschaos aus.

Meist holt uns die Realität des Verlustes nach etwa einem halben Jahr endgültig ein. Das macht sich zum Beispiel durch Energielosigkeit, ein schlechtes Gedächtnis oder ein geschwächtes Immunsystem bemerkbar. Es kann sogar zu Depressionen oder Schlaf- und Essstörungen kommen.

Oft bekommen wir erst im zweiten Jahr nach dem Todesfall wieder Lust am Leben und schöpfen neue Hoffnung. Wir dürfen darauf vertrauen, dass Gott unsere Tränen trocknen wird. Er hat es schließlich versprochen! Irgendwann wird der Tag kommen, an dem sich unsere Gesichtszüge wieder heben.

Vom Tod lernen. Auf der anderen Seite hilft uns die Zeit der Trauer aber auch zu erkennen, dass dieses Leben auf der Erde nicht alles ist. Als meine Mutter vor mehreren Jahren starb, kam mir während meiner Trauerphase das „Treiben der Welt" oft sinnlos und unwichtig vor. Ein Psalmbeter sagt: „Lehre uns bedenken, dass wir sterben müssen, auf dass wir klug werden" (Psalm 90,12). Wenn ich das tue, bekomme ich Maßstäbe, die auch im Angesicht des Todes Bestand haben – im Gegensatz zu den weltlichen Maßstäben wie Leistung, Gesundheit und Spaß. Dadurch kann meine Sichtweise der aus Gottes Augen immer ähnlicher werden. Mir wurde bewusst, dass Gott die Zeit sehr relativ sieht und dass es nach diesem kurzen Leben auf der Erde ein besseres Dasein gibt.

Gottes Herrschaft vertrauen. Es ist natürlich trotzdem schwer, loszulassen – besonders, wenn wir Gottes Wege nicht verstehen. Wir fragen uns vielleicht, wie er den Tod eines geliebten Menschen zulassen kann.

Während meiner Trauer habe ich begriffen, was es heißt, dass Gott der Herr über Leben und Tod ist. Es liegt in seiner Hand, Leben zu schenken oder zu nehmen. Gott ist allmächtig und allwissend. Seine Gedanken sind höher als unsere. Wenn wir uns durch Lob und Anbetung Gottes Größe bewusst machen und auf das schauen, was er getan hat, dann können wir ruhig werden und ihm alles überlassen – auch wenn wir keine hundertprozentige Antwort bekommen. Denn letztendlich wird unser himmlischer Vater alles zum Guten führen. Wie er es seinen Kindern versprochen hat.

Zum Leben

Wo habe ich angesichts des Todes den Trost erlebt, den Gott geben kann? Wenn ich an meinen eigenen Tod denke – was beschäftigt mich dabei? Inwiefern kann mich dieser Gedanke „klug" machen? Würde ich etwas an meinem Leben ändern, wenn ich wüsste, dass es in vier Wochen zu Ende ist?

____

____

____

____

____

Zum Beten

Danke, Herr, dass du da bist, wenn ich um einen geliebten Menschen weine – ob ich nun deine Nähe spüre oder nicht. Danke, dass der Schmerz nicht das letzte Wort hat; du selbst wirst einmal alle Tränen trocknen. Bitte mach mir deutlich, wie ich mein Leben nach Maßstäben führen kann, die auch im Angesicht des Todes Bestand haben.

Zum Weiterlesen

1. Tag: Die Trauer braucht ihre Zeit
1. Mose 50,1-13

2. Tag: Meine Tränen sind gesehen
Psalm 56,9

3. Tag: Die Trauer wird ein Ende finden
Psalm 30,12-13

4.Tag: Trauernden Freunden zur Seite stehen
Römer 12,15

5. Tag: Über die Zeit der Trauer hinausblicken
Jesaja 65,17-19

6. Tag: Die Hoffnung, mit der Gott uns tröstet
Jesaja 25,8-9

Denn also hat Gott die Welt geliebt, dass er seinen eingeborenen Sohn gab, damit alle, die an ihn glauben, nicht verloren werden, sondern das ewige Leben haben.
Johannes 3,16

Ein Blick in den Himmel

Marshall Shelley

Ich war mit meinem Sohn zusammen, solange er lebte – ganze zwei Minuten. An einem 22. November um 20.20 Uhr erblickte er das Licht der Welt, um 20.22 Uhr starb er. Eine Frage erhob sich weit über alle anderen hinaus: Wieso sollte Gott ein Kind erschaffen, das nur zwei Minuten zu leben hatte?

Geschaffen für ein kurzes Leben. Schon während der Schwangerschaft hatten die Ärzte von einer „Missbildung der Chromosomen" gesprochen. „Sie sollten sich ernsthaft überlegen, ob Sie diese Schwangerschaft zu Ende führen wollen", hatten sie meiner Frau und mir nahe gelegt.

Obwohl wir von der Nachricht erschüttert waren, sagte meine Frau mit leiser, aber klarer Stimme: „Wir glauben, dass Gott es ist, der uns das Leben gibt oder auch nimmt. Wenn ich dieses Kind nur während der Zeit der Schwangerschaft haben kann, dann möchte ich diese Zeit nicht noch verkürzen. Und wenn es keine andere Welt als den Mutterschoß kennen lernen soll, möchte ich diese Welt für das Kind so sicher wie möglich machen."

Und dann war unser Sohn plötzlich da! Der Arzt durchtrennte die Nabelschnur und legte den Kleinen meiner Frau behutsam auf die Brust. Er sah frisch und rosig aus. Doch ganz unvermittelt wurde er blau. Wir streichelten sein kleines Gesichtchen und flüsterten ihm Worte zu – Worte des Willkommens, der Liebe und des Abschieds. Da teilte uns der Arzt auch schon mit, dass der Junge tot sei.

„Haben Sie einen Namen für Ihr Kind?“, fragte eine der Hebammen. „Ja“, erwiderte meine Frau, „Tobi, das ist die Kurzform von Tobias und bedeutet ‚Gott ist gut‘.“

Drei Monate später ging auch unsere schwer behinderte Tochter Mandy in die Ewigkeit, nur zwei Wochen vor ihrem zweiten Geburtstag.

Geschaffen für die Ewigkeit. Nicht lange, nachdem wir Tobi und Mandy zu Grabe getragen hatten, erzählte uns unsere siebenjährige Tochter Stacey, sie habe mitten in der Nacht eine Stimme gehört, die ihr sagte, dass Mandy und Tobi sehr viel zu tun hätten. Sie würden „an unserem Haus bauen und seinen Thron bewachen“.

Ich wusste zunächst nicht, was ich dazu sagen sollte. Unser Kind hatte noch nie eine derartige Behauptung aufgestellt! Aber ich fing an, mit neuem Interesse zu lesen, was die Bibel über himmlische Aktivitäten sagt. Stimmte das, was Stacey erzählt hatte, mit Gottes Wort überein? Die Gespräche am Familientisch drehten sich von nun an meistens um den Himmel.

Wir stellten fest, dass der Himmel ein Ort ausgeprägter Aktivität ist. Dort herrscht nicht nur Ruhe und Beschaulichkeit. Jesus selbst hat gesagt, dass im Haus seines Vaters „viele Wohnungen“ sind und er hingehe, um uns eine Stätte zu bereiten (Johannes 14,2). Könnte es sein, dass ein Teil der Beschäftigung im Himmel darin besteht, bei den Vorbereitungen für diejenigen mitzuhelfen, die noch kommen werden?

Ich muss zugeben, für mich war die Aussage, meine Kinder würden den Thron Christi bewachen, noch interessanter. War hier vielleicht von einer Ehrengarde die Rede? Oder von einer zeremoniellen Versammlung von Kindern (die Christus während seiner Erdenzeit besonders gern um sich geschart hatte)? Oder von Ehrenplätzen für solche, die er im Sinn hatte, als er sagte: „Die Letzten werden die Ersten sein“? Ich kann mir kaum vorstellen, dass jemand noch mehr „Letzter“ sein könnte als Mandy oder Tobi.

Wie aber, wenn die Bewachung des Thrones keine zeremonielle Handlung, sondern eine richtige Tätigkeit wäre? In der Bibel wird uns eine Schlacht geschildert, an der die himmlischen Heere beteiligt sind (Offenbarung 19,19). Könnte es sein, dass Tobi unter der unzählbaren Schar derer ist, die in den Reihen dieser himmlischen Heere kämpfen, wenn jene letzte große Schlacht stattfindet?

Ich weiß natürlich, dass das alles reine Vermutungen sind. Eines aber steht fest: Der Himmel wird ein Ort aktiven Dienstes sein. Auch wenn unser Leben auf der Erde zu Ende ist, gehen unsere Aufgaben weiter.

Warum hat Gott ein Kind erschaffen, das nur zwei Minuten leben durfte? Diese Frage ist falsch gestellt. Unser Trost liegt in der Wahrheit der Bibel: Gott hat Tobi nicht geschaffen, damit er zwei Minuten, oder Mandy, damit sie zwei Jahre leben sollte.

Nein, Gott hat Tobi für die Ewigkeit geschaffen. Jeden von uns hat er für die Ewigkeit geschaffen – im Himmel wartet eine Berufung auf uns, die wir während unseres Erdenlebens nie richtig verwirklichen konnten.

Vielleicht werden wir überrascht sein, wenn wir dort unsere wahre Berufung finden!

Zum Leben

Nehme ich mir Zeit, um herauszufinden, was die Bibel über den Himmel sagt? Schöpfe ich Trost aus dem Wissen, dass Gott für mich – und für andere – eine himmlische Berufung hat?

Zum Beten

Herr, du sagst mir: Der Himmel ist ein Ort, der vor Leben nur so sprüht! Danke, dass du mich für die Ewigkeit geschaffen hast. Danke, dass auf jeden, der an Jesus Christus glaubt, eine himmlische Berufung wartet. Bitte hilf mir, aus dieser Wahrheit Trost zu schöpfen, wenn der Tod in mein Leben bricht.

Zum Weiterlesen

1. Tag: Welches Ziel hat mein Leben auf der Erde?
Philipper 3,13-14

2. Tag: Was erwartet mich im Himmel?
1. Petrus 1,6-9

3. Tag: Wie komme ich zum Vater im Himmel?
Johannes 14,6

4. Tag: Woher weiß ich, dass Christus wirklich Herr über Leben und Tod ist?
Offenbarung 1,12-18

5. Tag: Wo kann ich einen kleinen Blick in den Himmel werfen?
Jesaja 6,1-8

6. Tag: Wie wird es sein, in der Ewigkeit vor Gottes Thron zu stehen?
Offenbarung 4,1-11

Jeder ist eingeladen. Mein Haus soll voll werden.
Lukas 14,23 (Hfa)

Wie komme ich in den Himmel?

Prof. Dr. Werner Gitt

Wenn Menschen über ihr Ende nachdenken, kommen manchmal recht merkwürdige Vorstellungen ans Licht. Die Hollywood-Schauspielerin Drew Barymoore („Drei Engel für Charlie“) äußerte kürzlich: „Wenn ich vor meiner Katze sterben sollte, dann möge man ihr meine Asche zu fressen geben. Dann lebe ich wenigstens in meiner Katze weiter.“

Interessiert Sie die Ewigkeit? Als Jesus auf der Erde lebte, kamen die Menschen fast immer mit irdischen Problemen zu ihm: Krankheiten, dämonische Belastungen oder Streitereien in Steuerangelegenheiten. Die wenigsten fragten ihn nach der Ewigkeit. Manche verstanden in der Begegnung mit ihm, was es mit dem Heil wirklich auf sich hat, und griffen zu, wie zum Beispiel Zachäus (Lukas 19). So kann es auch heute Menschen ergehen: Sie sind auf der Suche nach Leben und finden die Ewigkeit – vielleicht sogar ganz unvorbereitet, denn unsere „Eintrittskarte“ müssen wir uns nicht vorher verdienen.

Welcher Weg führt in den Himmel? Viele Menschen haben sehr verquere Vorstellungen davon, wie man in den Himmel gelangt. In einem Lied über einen Clown, der nach jahrelangem Zirkusdienst abtritt, sang eine Schlagersängerin: „Er kommt sicher in den Himmel, denn er hat die Menschen froh gemacht.“

Was aber bringt uns wirklich in den Himmel? Jesus hat dazu einmal ein Gleichnis erzählt (Lukas 14,16-24):

Ein Mensch (der für Gott steht) richtet ein großes Fest aus (ein Symbol für den Himmel). Zunächst verschickt er persönliche Einladungen. Doch die Antworten, die er von den Geladenen bekommt, sind niederschmetternd: Der eine sagt, er habe gerade einen Acker gekauft und müsse ihn nun unbedingt inspizieren. Der nächste schiebt fünf Ochsengespanne vor, die er neu erworben hat, und der dritte gibt zur Entschuldigung an, dass er gerade geheiratet hat.

Dieses Gleichnis erklärt sehr anschaulich, wie wir den Himmel gewinnen oder verlieren können: Alles hängt daran, ob wir eine Einladung annehmen oder ablehnen. Wenn einmal viele Menschen nicht im Himmel sein werden, dann liegt es daran, dass sie die Einladung ausgeschlagen haben. Sie wollten einfach nicht!

Bin ich etwa auch eingeladen? Ob das Fest trotzdem stattfinden wird? Der Hausherr schickt seine Knechte noch einmal los. Jetzt werden keine Einladungskarten mit Goldrand mehr gedruckt. Es gilt der bloße Zuruf: „Komm!“ Und was passiert? Die Leute kommen – sogar in Scharen! Nach einiger Zeit zieht der Gastgeber Zwischenbilanz: Es gibt noch freie Plätze. Wieder schickt er seine Knechte hinaus, um Menschen einzuladen. So sieht auch unsere Situation heute aus. Es gibt noch freie Plätze im Himmel, und Gott lässt uns sagen: „Komm, belege deinen Platz im Himmel! Sei klug und reserviere für die Ewigkeit! Tue es heute!“

Der Himmel ist unvorstellbar schön. Darum vergleicht Jesus ihn mit einem großen Fest. Dieses Fest dürfen wir auf keinen Fall verpassen. Einer hat für uns das Tor zum Himmel aufgeschlossen – Jesus, der Sohn Gottes! Ihm haben wir es auch zu verdanken, dass es so einfach ist, dorthin zu gelangen. Es muss nur unser Wille sein.

Ist es wirklich so einfach? Ja! Es gibt noch unzählige weitere Passagen im Neuen Testament, die die gleiche Botschaft vermitteln, seien es Worte Jesu, Predigten der Apostel oder Berichte aus der Apostelgeschichte.

In seiner großen Pfingstpredigt bringt Petrus es folgendermaßen auf den Punkt: „Wer ... den Namen des Herrn (Jesus) anruft, wird gerettet werden“ (Apostelgeschichte 2,21).

Als Paulus und Silas auf einer Missionsreise ins Gefängnis von Philippi geworfen und durch ein Wunder befreit werden, will der völlig entsetzte Gefängniswärter wissen, wie er die Erlösung erfahren kann, von der Paulus und Silas predigen. Paulus erklärt ihm schlicht und einfach: „Glaube an den Herrn Jesus, dann wirst du ... gerettet!“(Apostelgeschichte 16,31). Lassen Sie sich einladen, in den Himmel zu kommen.

Rufen Sie den Namen Jesu an und „buchen“ Sie den Himmel!

Kann man den Himmel buchen? Ja, man kann! Nach einem Vortrag fragte mich eine Frau: „Kann man denn den Himmel überhaupt buchen? Das klingt ja nach einem Reisebüro!“ Ich stimmte ihr zu: „Sie müssen die Buchung vornehmen. Wer nicht bucht, kommt nicht ans Ziel.“ Wenn Sie sich darauf einlassen, Jesus als Ihren Herrn anzuerkennen, dann haben Sie Ihr Ticket in den Himmel! Es ist sehr, sehr teuer, völlig unbezahlbar für uns. Aber Jesus hat es bezahlt, als er am Kreuz als unschuldiger Stellvertreter für die Sünden der Menschheit starb. Sagen Sie Ja zu dem, was Jesus Christus für Sie getan hat!

Zum Leben

Freue ich mich auf den Himmel? Oder zögere ich noch, die Einladung anzunehmen? An wen könnte ich mich wenden, um ein offenes Ohr für die Fragen zu finden, die mich noch zurückhalten?

Zum Beten

Wenn Sie die Einladung Gottes annehmen möchten, können Sie folgendes Gebet sprechen:

Herr Jesus Christus, ich brauche dich und will mit dir leben. Danke, dass du am Kreuz für meine Sünden gestorben bist. Ich übergebe dir mein Leben und nehme dich als meinen Herrn und Erlöser an. Übernimm die Herrschaft in meinem Leben. Gestalte mich so, wie du mich haben willst. Amen.

Zum Weiterlesen

1. Tag: Der Einlass ist garantiert
Johannes 6,37-40
2. Tag: Wo es ewiges Leben gibt
Johannes 17,1-3
3. Tag: Der teure Eintritt ist bezahlt
1. Petrus 1,18-21
4. Tag: Ich muss nur zugreifen
Offenbarung 22,17
5. Tag: Werde ich ankommen?
Johannes 10,27-30
6. Tag: Furchtlos – selbst vor dem Tod
Hebräer 2,14-15

Es war aber ein reicher Mann,
der kleidete sich in Purpur und kostbares Leinen
und lebte alle Tage herrlich und in Freuden.
Es war aber ein Armer mit Namen Lazarus,
der lag vor seiner Tür voll von Geschwüren und begehrte,
sich zu sättigen mit dem, was von des Reichen Tisch fiel;
dazu kamen auch die Hunde und leckten seine Geschwüre.
Es begab sich aber, dass der Arme starb,
und er wurde von den Engeln getragen in Abrahams Schoß.
Der Reiche aber starb auch und wurde begraben.
Als er nun in der Hölle war, hob er seine Augen
auf von seiner Qual und sah Abraham von ferne
und Lazarus in seinem Schoß.

Lukas 16,19-23

In der Hölle wird nicht gefeiert

Bruce Wilkinson

Timothy McVeigh, der Attentäter von Oklahoma City, hatte bei seinem Bombenanschlag „gegen die Gesellschaft“ 168 Menschen umgebracht. Vor seiner Hinrichtung sagte er: „Wenn ich in die Hölle komme, werde ich eine Menge Gesellschaft haben.“ Ist das die Hölle – ein Ort, wo man in netter Gesellschaft ist, sodass die Qualen nicht ins Gewicht fallen? Eine einzige große Party?

Jesus wollte, dass seine Nachfolger die Wahrheit über die Hölle wissen. Einmal erzählte er eine Geschichte darüber, was zwei Menschen *nach* ihrem Tod erleben. Der erste war ein reicher Mann, der vom Leben nur die Schokoladenseite kannte. Der andere war ein elender Bettler namens Lazarus, der von den Küchenabfällen des Reichen lebte. Als beide starben, wendete sich das Blatt: Der Bettler erlebte die Freuden des Himmels – Jesus sagt, er wurde „in Abrahams Schoß" getragen. Der reiche Mann dagegen landete im ewigen Elend der Hölle.

Hier beginnt das eigentliche Drama. Wie die Geschichte zeigt, konnte der Reiche den Himmel die ganze Zeit sehen. Er sah, wie gut es Lazarus ging. Nun war *er* an der Reihe, zu betteln. Was danach folgt, will ich folgendermaßen umschreiben (Verse 24-31):

Reicher Mann: „Vater Abraham, sei mir gnädig! Schick Lazarus zu mir mit einem Tropfen Wasser, um meine Zunge zu kühlen. Ich vergehe in diesen Flammen!"

Abraham: „Lazarus kann nicht zu dir kommen. Zwischen euch und uns ist ein unüberwindbarer Abgrund."

Reicher Mann: „Ich flehe dich an, dann sende Lazarus auf die Erde zurück zu meinen fünf Brüdern, damit er sie warnt. Sonst wird es ihnen wie mir ergehen."

Abraham: „Sie haben die heilige Schrift. Wenn sie die Wahrheit wissen wollen, können sie sie dort lesen."

Reicher Mann: „Ja, aber wenn jemand von den Toten zu ihnen geht und mit ihnen spricht, dann werden sie sich ganz bestimmt besinnen!"

Abraham: „Wenn sie nicht glauben wollen, was die Bibel sagt, werden sie auch nicht auf das hören, was einer von den Toten sagt."

Was für ein nüchterner Blick auf die Ewigkeit! In dieser Geschichte stecken klare Informationen über die Hölle und die Verbindung zwischen dem Jetzt und unserer Ewigkeit:

1. Der Tod ist die Tür zu unserem späteren Leben. Wenn wir sie durchschritten haben, bleibt uns keine Möglichkeit mehr, unsere Ewigkeit zu ändern. Hinter der Tür ist die „große Kluft" (Vers 26).

2. Die Hölle ist ein Ort voller Qualen; sie hat keine Ausgangstür. Die Menschen dort sind bei Bewusstsein, sie kommunizieren und fühlen Schmerz und Bedauern – aber die Tür ist zu. Wer einmal drin ist, kommt nicht mehr raus.

3. Im späteren Leben schafft Gott jedem Menschen Gerechtigkeit. Interessanterweise diskutiert der Reiche mit Gott nicht über sein Los. Seine eigenen Entscheidungen haben ihn dorthin gebracht. Das erscheint einleuchtend: Das Wesen des Gerichts ist letztlich nicht Härte oder Strenge, sondern Gerechtigkeit – alles soll wieder in Ordnung kommen. An anderer Stelle erklärt Jesus, dass es in der Hölle, wie auch im Himmel, Abstufungen geben wird – im Himmel für den Lohn, in der Hölle für das Leiden (vergleiche Matthäus 11,23-24; 23,14; Römer 2,5). Gott kümmert sich um Ungerechtigkeiten und Leid in unserem Leben und in der Welt. Eines Tages wird sein Gericht alles in Ordnung bringen.

4. Unser Leben auf der Erde wirkt sich direkt auf unser späteres Leben aus. Die Konsequenzen sind absehbar und unwiderruflich, und sie werden für uns ewig von Bedeutung sein.

Was, denken Sie, würden der reiche Mann und Lazarus Ihnen heute sagen, wenn Sie sie auf der Straße treffen würden? Ich denke, sie wären sich einig in ihrer Botschaft: „Das Leben ist kurz, aber Gott ist gut. Nimm Jesus als deinen Herrn und Retter an. Lebe für immer mit ihm. Gib die Botschaft weiter.“

Zum Leben

Nehme ich ernst, was die Bibel über die Hölle sagt? Ist es mir wichtig, mit anderen darüber zu reden, dass einmal die Tür hinter uns zuschlägt? Wie kann ich mein Leben so gestalten, dass es in Ewigkeit gute Konsequenzen hat?

Zum Beten

Herr, du wirst einmal Gerechtigkeit schaffen. Danke, dass du das Unrecht ausgleichen wirst, das ich in meinem Leben erleide. Aber wenn du auch ausgleichen würdest, wo ich dir und anderen Unrecht getan habe, wäre ich in alle Ewigkeit schlecht dran. Danke, dass ich durch Jesus Christus der Hölle entkommen kann.

Zum Weiterlesen

1. Tag: Was erwartet Gott von den Menschen? *Apostelgeschichte 17,30-31*
2. Tag: Welche Konsequenzen hat die Art, wie ich mein Leben gestalte? *Matthäus 25,14-30*
3. Tag: Bin ich mit meinem Leben bisher weise umgegangen? *Epheser 5,8-16*
4. Tag: Was ist, wenn mir immer vor Augen steht, wie schwer ich gesündigt habe? *1. Timotheus 1,14-16*
5. Tag: Wie kann ich auf die Begegnung mit Gott am Ende meines Lebens zugehen? *1. Johannes 4,15-19*
6. Tag: Wie kann ich der Hölle entkommen? *Johannes 5,24-29*

Im Haus meines Vaters gibt es viele Wohnungen.
Johannes 14,2

Das Haus meines Vaters

Anne Graham Lotz

Die Bibel sagt, dass jeder von uns nach seinem Tod in die Ewigkeit eintreten und vor Gott stehen wird. Das kann uns Angst machen, wenn wir nicht genau wissen, was uns auf der anderen Seite erwartet. Können Sie heute sicher sagen, dass Sie nach Ihrem Tod in die Arme Jesu und in das Haus seines Vaters kommen werden?

Jesus wollte, dass das Wissen um das Haus des Vaters unser Herz beruhigt: „Euer Herz erschrecke nicht! Glaubt an Gott und glaubt an mich! Im Haus meines Vaters gibt es viele Wohnungen" (Johannes 14,1-2). Wie diese Wohnungen wohl aussehen?

Ein Haus für die Braut. Als ich einmal in Indien war, machte ich extra einen Abstecher, um das „Tadsch Mahal" zu besuchen. Es ist das atemberaubendste Bauwerk, das ich je gesehen habe, aus weißem Marmor gehauen und mit Halbedelsteinen besetzt! Ein indischer Prinz ließ es als Mausoleum für seine Lieblingsfrau bauen; 22000 Künstler und Handwerker arbeiteten fast zwanzig Jahre daran. Als ich vor diesem Bauwerk stand, schoss es mir durch den Kopf: „Wenn ein indischer Prinz etwas so fantastisch Schönes wie das Tadsch Mahal bauen konnte, um seine Frau darin zu begraben, was mag wohl erst Jesus für *seine* Braut vorbereiten – uns! Nicht als Mausoleum, sondern als ein Zuhause, in dem er in alle Ewigkeit mit uns wohnen wird!"

Ein vorbereitetes Haus. Mein Sohn Jonathan wohnt in einem anderen Bundesstaat. Wenn er seinen Besuch bei uns anmeldet, mache ich mich daran, alles für ihn vorzubereiten, damit er sich willkommen fühlt. Ich weiß beispielsweise, dass Jonathan mit Vorliebe gegrillte Rippchen und selbst gebackenen gedeckten Apfelkuchen isst oder gerne mit seinem Papa Tennis spielt. Sobald er zur Tür hereinkommt, soll er spüren, dass wir ihn erwartet haben! Genauso wird im Himmel alles vorbereitet sein – es ist ein schöner und absolut sicherer Ort, an dem die Kinder mit dem Vater in alle Ewigkeit leben können.

Ein Haus ohne Leid. Davon schreibt der Apostel Johannes im Buch der Offenbarung: „Siehe da, das Haus Gottes bei den Menschen! Und er wird bei ihnen wohnen, und sie werden sein Volk sein, und er selbst, Gott mit ihnen, wird ihr Gott sein; und Gott wird abwischen alle Tränen von ihren Augen, und der Tod wird nicht mehr sein, noch Leid noch Geschrei noch Schmerz wird mehr sein; denn das Erste ist vergangen. Siehe, ich mache alles neu!" (Offenbarung 21,3-5).

Im Haus meines Vaters wird es keine Krankenzimmer, kein Leid, keine Beerdigungen, keinen Kummer, keine Gehhilfe, keine Krücken und keine Rollstühle mehr geben; es wird keine Kriege und keine Anschläge mehr geben, aber auch keine zerbrochenen Herzen mehr, keine zerbrochenen Familien, zerbrochenen Leben, Träume oder Hoffnungen. Keine geistigen oder körperlichen Behinderungen, überhaupt keine Krankheit mehr – weder Parkinson, Arthritis, Herzleiden, Diabetes, grauen Star noch Krebs, Schlaganfälle oder AIDS. Was für eine Welt!

Mehr als ein schmucker Ort. Vor einiger Zeit habe ich den Buckingham-Palast in London besucht. Er ist wirklich beeindruckend, aber nirgends habe ich eine Kaffeetasse neben einem Sessel gesehen oder eine aufgeschlagene Zeitschrift oder einen über die Sofalehne geworfenen Mantel. Es ist ein Ort zum Besichtigen, eine Sehenswürdigkeit. Doch der Himmel ist mehr als eine

Sehenswürdigkeit, er ist unser Zuhause! Wir werden dort wirklich leben können.

Wer darf dort wohnen? Wenn Sie meinen Vater Billy Graham unangemeldet besuchen wollten, würde er Sie wahrscheinlich nicht in sein Haus hineinlassen. Sie könnten ihm an der Pforte alles erzählen, was Sie vielleicht über ihn gehört oder gelesen haben, er würde antworten: „Ich kenne Sie nicht!“ Wenn ich nun an seiner Tür klingele und sage: „Papa, hier ist Anne“, dann öffnet sich das Tor, und ich gehe schnurstracks hindurch – weil ich das Kind meines Vaters bin.

Gott, der Vater, sagt, dass der Himmel sein Haus ist, und er hat das unumschränkte Recht zu entscheiden, wer hineindarf und wer nicht. Die Bibel spricht ganz klar davon, dass nur die in das himmlische Heim hineindürfen, die durch den Glauben an Jesus Christus von neuem geboren sind und zur Familie Gottes gehören.

Jeder ist eingeladen. Die Einladung, Gottes Kind zu werden, richtet sich an jeden Menschen auf der ganzen Welt. Aber wir müssen sie annehmen. Wenn Sie durch den Glauben an Jesus Christus ein Kind des himmlischen Vaters sind, dann können Sie gewiss sein, dass für Sie eine Wohnung im Himmel vorbereitet wird. Und sie werden die Hoffnung und feste Zuversicht haben, dass Sie, wenn Sie in die Ewigkeit gehen, schnurstracks in die Arme Gottes laufen, der Sie so sehr liebt.

Zum Leben

Weiß ich ganz sicher, dass ich einmal im Haus meines himmlischen Vaters ankommen werde? Glaube ich ihm, dass der Himmel mehr ist als ein schmucker Ort – nämlich ein wirkliches Zuhause, das vor Leben und Liebe pulsiert?

Zum Beten

Vater, in deinem Haus wird es schöner sein als am schönsten Platz auf dieser Welt! Dort wird es nichts mehr geben, was mein Herz beschwert. Danke, Jesus Christus, dass ich in Ewigkeit eine Wohnung beziehen kann, die du ganz speziell für mich vorbereitet hast.

Zum Weiterlesen

1. Tag: Ich kann Gottes Einladung annehmen.
Johannes 3,1-16

2. Tag: Ich bin unterwegs zu einem wunderbaren Ziel.
Hebräer 13,14

3. Tag: Ich bin ein Erbe!
1. Petrus 1,3-5

4. Tag: Ich werde erwartet!
Johannes 14,2-3

5. Tag: Ich habe Grund zum Staunen.
1. Johannes 3,1-2

6. Tag: Ich habe Wohnrecht in Ewigkeit.
Psalm 23,6b

Seid also zu jeder Zeit bereit,
denn der Menschensohn wird
gerade dann kommen,
wenn ihr es am wenigsten vermutet!
Matthäus 24,44 (Hfa)

Steht er schon vor der Tür?

Elisabeth Mittelstädt

Haben Sie schon einmal beobachtet, wie sich eine Mücke in einen Elefanten verwandelt? Dieses überwältigende Schauspiel lieferten sich mein Mann Ditmar und ich am Abend eines anstrengenden Tages. „Es ist schon spät, Liebling. Du solltest besser keinen Kaffee mehr trinken!“ Das hatte ihm gerade noch gefehlt – eine Mutter, die ihm vorschrieb, was er zu tun hatte. Ein Wort gab das andere, und schon bald saß das Missverständnis zwischen uns fest.

Ich war müde und gereizt. Meine Gefühle gingen völlig durch mit mir. Schließlich flüchtete ich mich ins Schlafzimmer, wo ich mich in meinen Schaukelstuhl fallen ließ, meinen liebsten Zufluchtsort. Nach einiger Zeit kroch ich erschöpft ins Bett und schlief bald darauf fest ein. Als mein Mann später ins Zimmer kam und sah, dass ich schon schlief, legte er sich leise hin, um mich nicht aufzuwecken.

Gegen Mitternacht hatte ich einen regen Traum: Ich sah Jesus, wie er sich für sein Wiederkommen bereitmachte! Zutiefst erschrocken wachte ich auf, geplagt von dem einen Gedanken: „Was wird aus Ditmar und mir?“

„Liebling, wach auf!“, rief ich völlig aufgewühlt. „Was ist denn los?“, murmelte er verschlafen. „Es tut mir so Leid wegen gestern Abend. Bitte verzeih mir“, bat ich. „Mir tut es auch Leid“, erwiderte Ditmar.

Bereit sein ist alles. Am nächsten Tag war mein Herz voller Freude. Gott liebte mich so sehr, dass er mich sogar mitten in der Nacht aufweckte, damit ich mein Leben in Ordnung bringen konnte! Warum, überlegte ich, musste ich denn so dringend vergeben? Je länger ich darüber nachdachte, desto klarer wurde es mir: Jesus kann jeden Moment wiederkommen! In der Bibel ist eindrücklich beschrieben, wie der „Menschensohn“ auf die Erde zurückkehren wird. Niemand von uns kennt den genauen Zeitpunkt. Die Bibel ruft uns dazu auf, immer auf das Kommen Jesu gefasst zu sein: „Seid also zu jeder Zeit bereit, denn der Menschensohn wird gerade dann kommen, wenn ihr es am wenigsten vermutet!“ (Matthäus 24,44). Viele Gottesmänner haben durch die Jahrhunderte hindurch mit der bevorstehenden Wiederkunft Jesu gerechnet. Zum Beispiel Martin Luther: „Ich glaube fest daran, dass die Engel sich schon bereitmachen, ihre Rüstung anlegen und das Schwert umgürten, weil der letzte Tag anbricht.“ Könnte es sein, dass seine Liebe zu Gott ihn an die „Fenster“ der Welt trieb, um nach Jesu Wiederkunft Ausschau zu halten?

In liebender Erwartung. Wenn mein Mann unterwegs ist und eigentlich bald zurückkommen müsste, ertappe ich mich oft dabei, wie ich auf die vorbeifahrenden Autos horche. War das nicht unser Wagen? Ich springe mehrere Male vergeblich ans Fenster, bis ich endlich seine vertrauten Schritte auf der Treppe höre. Und plötzlich steht er vor der Tür!

Martin Luthers Liebe zu seinem Herrn war genauso ungeduldig wie meine Liebe zu meinem Mann. Luther lebte in einer freudigen Erwartung, die ich mir auch von Herzen wünsche. Wenn er damals schon glaubte, dass Jesu Wiederkunft nahe wäre, wie viel näher sind wir ihr heute! Es könnte ja sein, dass Jesus bereits vor der Türe steht, bereit, sie jeden Moment zu öffnen!

Können Sie sich vorstellen, ihm heute zu begegnen?

Bis zu diesem großen Tag werde ich weiterhin mein Abendgebet sprechen. Nicht aus Angst, sondern aus Ehrfurcht vor meinem Gott. Jeden Abend, bevor ich mich schlafen lege, bitte ich ihn um Vergebung für alles, was ich falsch gemacht habe, und vergebe auch allen, die mir Unrecht getan haben. „Für den Fall, dass du diese Nacht wiederkommst, möchte ich bereit sein", sage ich. Und noch etwas: „Ich liebe dich, Jesus!"

Die „Zeichen am Himmel", wie sie in der Bibel beschrieben sind, werden immer deutlicher. Gottes Sohn kann jederzeit wiederkommen. Darum sollten wir uns täglich bereithalten. Nicht mit Angst und Zittern, sondern in der freudigen Erwartung einer Braut, die auf den geliebten Bräutigam wartet. Schnell zum Fenster! Steht er schon vor der Tür?

Ich will mein Leben mit allen Mitteln leben,
so lange ich lebe.
Ich will keinen Augenblick meiner Zeit verlieren
und will meinen Umgang mit der Zeit so wirtschaftlich nutzen,
wie ich nur kann. Ich will nichts tun,
das ich nicht tun will, wenn ich weiß,
dass es die letzte Stunde meines Lebens ist.

JONATHAN EDWARDS

Zum Leben

Was wäre, wenn Christus heute Nacht wiederkäme? Bin ich bereit, ihm zu begegnen? Sind meine Sünden vergeben? Oder hege ich noch Unversöhnlichkeit in meinem Herzen?

____

____

____

____

____

Zum Freuen

Wir wissen nicht, wann wir Jesus begegnen werden. Für manche von uns könnte es noch heute sein, aber Sie brauchen keine Angst zu haben! Sie dürfen sich freuen auf den Tag, an dem Sie aus seinem Mund die Worte hören: „Gut gemacht, meine Tochter!" Dann wird der Himmel in einen Jubel des Willkommens ausbrechen. In jenem Moment wissen Sie mit letzter Gewissheit, dass es sich gelohnt hat, Ihr Leben Jesus Christus anzuvertrauen.

Zum Weiterlesen

Wenn Jesus wiederkommt ...

1. Tag: ... möchte ich davon nicht überrascht sein.
1. Thessalonicher 5,1-11

2. Tag: ... möchte ich wie eine kluge Frau darauf vorbereitet sein.
Matthäus 25,1-13

3. Tag: ... werden meine Augen ihn sehen.
Offenbarung 1,7-8

4. Tag: ... möchte ich untadelig vor ihm stehen.
1. Thessalonicher 5,23-24

5. Tag: ... möchte ich beim großen Hochzeitsmahl dabei sein.
Offenbarung 19,6-9

6. Tag: ... macht Gott alles neu.
Offenbarung 21,1-7

Die Autorinnen und Autoren

Sabine Ball

ehemalige Millionärsgattin, Gründerin des „Café Stoffwechsel“ in Dresden und Vorsitzende des „Stoffwechsel e.V.“. In dem Bestseller „Mehr als Millionen“ wird ihre Lebensgeschichte erzählt.

Saskia Barthelmess

Kolumnistin bei „Lydia – die christliche Zeitschrift für die Frau“, ist verheiratet und Mutter eines Sohnes. Sie lebt in Innsbruck und arbeitet dort mit ihrem Mann in einer Gemeinde mit.

Helga Becker

ist verheiratet und hat zwei Kinder. Sie engagiert sich bei Frühstückstreffen für Frauen und ist in ihrer landeskirchlichen Gemeinde aktiv.

Esther Bergen

Hausfrau und Mutter, ist Autorin verschiedener Zeitschriftenartikel.

Elisabeth von Bibra

ist Referentin und steht in einem ausgedehnten Reisedienst. Sie ist verwitwet, hat sechs Kinder und 20 Enkel und lebt in der Burg Bibra, die sie zu einem Begegnungszentrum ausgebaut hat.

Frauke Bielefeldt

hat Theologie studiert und arbeitet als freiberufliche Redakteurin.

Christiane Bladt

gehört zum Vorstand der ABF (Arbeitsgemeinschaft Biblische Frauenarbeit), ist Mitglied im Hauptvorstand der Deutschen Evangelischen Allianz und Referentin bei Frühstückstreffen für Frauen und Seminaren.

Sabine Bockel

ledig, ist Pastorin und Redakteurin.

Lotte Bormuth

verheiratet und Mutter von fünf erwachsenen Kindern, ist Schriftstellerin und Referentin bei Frühstückstreffen für Frauen, bei Freizeiten und Gemeindeveranstaltungen.

Jill Briscoe

in England geboren, Referentin und Autorin von mehr als 40 Büchern, Herausgeberin einer Zeitschrift für Pastorenfrauen und Leiterinnen. Sie ist Mutter von drei Kindern und hat neun Enkelkinder.

Joni Eareckson Tada

seit 1967 nach einem Schwimmunfall gelähmt, ist Referentin und Autorin mehrerer Bestseller. Sie ist verheiratet und arbeitet als Gründerin und Präsidentin von „JAF Ministries“ für Behinderte.

Elisabeth Freitag

verheiratet, hat verschiedene Artikel für Zeitschriften geschrieben.

Prof. Dr. Werner Gitt

war Professor und Direktor bei der Physikalisch-Technischen Bundesanstalt in Braunschweig. Er hat mehrere Bücher zu dem Themenkreis „Naturwissenschaft und Bibel“ geschrieben und hält Vorträge im In- und Ausland. Verheiratet und Vater von zwei erwachsenen Kindern.

Anne Graham Lotz

verheiratet und Mutter von drei Kindern, ist die zweite Tochter von Billy Graham und Ruth Bell Graham. Sie ist eine beliebte Referentin und Autorin mehrerer Bücher.

Gigi Graham Tchividjian

älteste Tochter von Billy und Ruth Bell Graham. Sie ist verheiratet und hat sieben Kinder, ist Referentin und Autorin.

Beth Grant

ist verheiratet und hat zwei Töchter. Sie engagiert sich in der Frauenarbeit und leitet Seminare für Frauen in Leitungsaufgaben.

Ruth Heil

verheiratet und Mutter von zehn Kindern, ist Eheberaterin, Referentin bei Frauen- und Männerfrühstückstreffen und Autorin mehrerer Bücher zu den Themen „Frauen“ und „Familie“.

Ingrid Heinzelmaier

Redakteurin beim Evangeliums-Rundfunk (ERF), wo sie vor allem die Hörfunkreihen „Glaube und Denken“ und „Let's Worship“ betreut.

Ulrike Herrmann

ehemalige Lehrerin, verheiratet, hat drei Kinder großgezogen. Sie ist Referentin und Autorin.

Marianne Hirzel

Hausfrau und Referentin. Sie war zwölf Jahre Vorsitzende des „Frühstücks-Treffen für Frauen“ in der Schweiz, ist verheiratet und hat drei Kinder.

Susan Howard

spielte in der Fernsehserie „Dallas“ die Rolle der Donna.

Lynne Hybels

Autorin mehrerer Bücher, gründete mit ihrem Ehemann Bill Hybels die „Willow Creek Community Church“, Chicago.

Hannelore Illgen

Lehrerin, verheiratet, drei Kinder. Sie ist 1. Vorsitzende von „Filia – Christliches Forum für Frauen in Deutschland“ und leitet mit einem Team die Bundesfrauenarbeit des Bundes Freikirchlicher Pfingstgemeinden.

Imke Johannson

verheiratet, ist Hausfrau und Mutter und engagiert sich in ihrer Gemeinde.

Sarah Koeshall

verheiratet und Krankenschwester, ist bekannt durch ihre Geschichte „Zwei Jahre ohne Essen“, die in „Lydia – die christliche Zeitschrift für die Frau“ erschienen ist.

Ingrid Krieger

Mitarbeiterin bei „Lydia – die christliche Zeitschrift für die Frau“, ist verheiratet und hat drei Kinder. Ihr Mann ist in der Missionsleitung der „Aktion: In jedes Haus“ tätig.

Katrin Ledermann

lebt mit ihrem Mann in der Schweiz. Sie ist Hausfrau, Mentorin und Autorin.

Cornelia Mack

Sozialpädagogin, Familienfrau und Referentin bei Frauenfrühstückstreffen, ist Herausgeberin und Autorin zahlreicher Bücher. Sie engagiert sich in verschiedenen Bereichen der Frauenarbeit.

Susan Maycinik Nikaido

verheiratet und Mutter, war vor der Geburt ihrer Tochter Chefredakteurin der Zeitschrift „Discipleship“ der „Navigatoren“.

Carole Mayhall

bekannte Schriftstellerin bei „NavPress“ und Autorin mehrerer Bücher. Unter anderem schreibt sie auch für die Zeitschrift ”Today’s Christian Woman“.

Duane Miller

ist Pastor und Autor.

Elisabeth Mittelstädt

Herausgeberin und Redaktionsleiterin von „Lydia – die christliche Zeitschrift für die Frau“.

Beth Moore

ist Autorin mehrerer Bücher, unter anderem von „Du führst mich in die Freiheit“.

Claudia und Eberhard Mühlan

Beraterin und Familienpädagoge, sind Autoren einiger Bücher zum Thema „Familie“ und leiten die Familienarbeit „Team F“ von „Neues Leben für Familien“.

Annemarie Pfeifer

verheiratet, drei Kinder, ist Autorin, psychologische Beraterin und Referentin.

Susanne Reininghaus

diplomierte Wellness- und Gesundheitstrainerin, ist verheiratet und Mutter von zwei Söhnen. Mit ihrem Mann hält sie Eheseminare und Seminare zur Ehevorbereitung.

Hannelore Risch

Pfarrerin im Ruhestand, Autorin von „Gott tröstet“ und anderen Büchern. Sie engagiert sich in Familie und Kirchengemeinde.

Josephine Ruiz

verheiratet, hat Germanistik und Anglistik studiert.

Sabine Schmidt

Redakteurin beim Magazin „Neues Leben“, Mitarbeiterin der Frauen- und Hauskreisarbeit ihrer Gemeinde, Mitarbeiterin und Referentin von „Neues Leben“.

Marshall Shelley

ist Chefredakteur der Zeitschrift „Leadership“.

Doris Siegenthaler

staatlich diplomierte Fitnesslehrerin, Leiterin der „Internationalen Akademie für Gesundheitsförderung“, Autorin und Referentin. Sie ist verheiratet und hat drei erwachsene Kinder.

Dorte Stieper

verheiratet, ist freie Redakteurin und lebt in Dänemark.

Gerdi Stoll

Pfarrfrau und Mutter von drei erwachsenen Kindern, ausgebildet als Lehrerin. Sie ist Referentin und Buchautorin.

Angie Thomson

begann in Bukarest eine Arbeit unter Straßenkindern. Etwa fünfzig Kinder wurden in zwei Wohnhäuser aufgenommen, weitere zweihundert werden durch das „Hope Rescue Center" ernährt.

Ingrid Trobisch Youngdale

Autorin mehrerer Bücher, unter anderem von „Der Weg nach Hause ist eine lebenslange Reise". Sie ist Mitbegründerin von „Family Life Mission International". Seit 1999 mit Pastor Lauren Youngdale verheiratet.

Rosemarie Uschold

Oberlehrerin im Ruhestand, hat zwei erwachsene Kinder und vier Enkel. Sie ist Beraterin für jüngere Frauen.

Sheila Walsh

Sängerin und Autorin, veröffentlichte unter anderem die Bücher „Umarme die Freude" und „Jetzt bist du meine Tochter".

Elke Werner

verheiratet, ist Geschäftsführerin im „Christus-Treff" Marburg, Vorstandsmitglied beim RMJ („Ring Missionarischer Jugendbewegungen") und bei „Filia – Christliches Forum für Frauen in Deutschland". Autorin und Referentin.

Alina Wieja

ist Psychologin und Chefredakteurin von „Inspiracje", einer polnischen Zeitschrift für Frauen und Familien. Sie ist verheiratet und hat zwei Kinder.

Bruce Wilkinson

Bibellehrer, Autor des Bestsellers „Das Gebet des Jabez" und weiterer Bücher. Diese Andacht ist ein Auszug aus „A Life God Rewards".